序 言

数独，是一种以数字为表现形式的益智休闲游戏，起源于中国数千年前的《河图》、《洛书》；而“数独”（Sudoku）一词源于日本，意思是“只出现一次的数字”，如今数独已经发展成为一种风靡全世界的益智游戏，拥有上千万的爱好者。

北京广播电视台数独发展总部是世界谜题联合会（World Puzzle Federation，英文缩写为WPF，简称世智联）在中国区的唯一会员机构，肩负着数独等智力谜题在中国境内的推广和普及工作。例如，负责组织国内最高水平的数独赛事——中国数独锦标赛及各种普及性的数独赛事和活动；开展面向所有层次爱好者的培训宣传工作；自主研发与数独等谜题相关的书籍、教具等产品。北京广播电视台数独发展总部取得了2013年第八届世界数独锦标赛和第22届世界谜题锦标赛的承办权。这将是世界谜题锦标赛首次在亚洲举行，也是世界数独锦标赛首次在中国举办。

为了满足不同层次爱好者的需求，数独发展总部特地精心设计了各类谜题书籍，包括题集、比赛教材、题型讲解和比赛真题等。“世界谜题锦标赛直通车：形形色色的智力谜题”丛书是依据国际流行的常见谜题题型设计出版。本套丛书是为广大谜题爱好者提供近距离了解国际谜题前沿资讯的重要资料。

四

风

世界谜题锦标赛直通车：形形色色的智力谜题

四风

FOUR WINDS

北京广播电视台数独发展总部◎编著

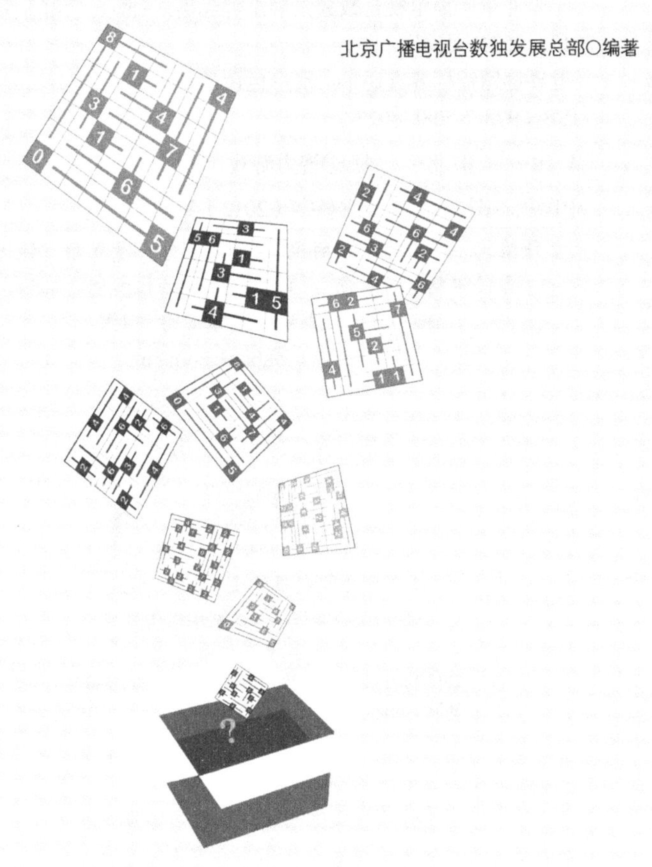

龍門書局

内容简介

《四风》是“世界谜题锦标赛直通车：形形色色的智力谜题”丛书中的一本。全书共计200个题目，集结了5×5、6×6、7×7和9×9四种题型，每种题型的难度设置由易至难，循序渐进。本书还配备了独特的解题方法介绍，不仅能够使初次接触谜题的爱好者轻松上手玩谜题，而且也是常玩智力谜题的高手们练习和提高解题水平的必备手册。

图书在版编目（CIP）数据

四风/北京广播电视台数独发展总部编著.—北京：龙门书局，2013（2021.1重印）

（世界谜题锦标赛直通车：形形色色的智力谜题）

ISBN 978-7-5088-4027-7

Ⅰ.四…　Ⅱ.北…　Ⅲ.①智力游戏　Ⅳ.①G898.2

中国版本图书馆CIP数据核字（2013）第030124号

责任编辑：李小娟　赵丽艳 / 责任制作：董立颖　魏　谨

责任印制：张　伟 / 封面制作：柏拉图创意机构

北京东方科龙图文有限公司 制作

http://www.okbook.com.cn

龍門書局 出版

北京东黄城根北街16号

邮政编码：100717

http://www.longmenbooks.com

北京凌奇印刷有限责任公司 印刷

科学出版社发行　各地新华书店经销

*

2013年5月第　一　版　　开本：A5（890×1240）

2021年1月第三次印刷　　印张：7

字数：162 000

定价：32.00元

（如有印装质量问题，我社负责调换）

前　言

智力谜题，英文为：Puzzle，是一种根据逻辑推理进行解答的智力题，包含的种类非常丰富，主要以数字、线条或涂黑格子等形式表现。由于其解题的形式不涉及语言及文化内容，使得无论世界上哪个国家的人都可以参与其中。谜题这个词在中文中还常表示谜语或文字性的推理题，但这些内容与本套书中的题目完全不同，是两个不同的概念。

智力谜题包含很多题目类型，现在已有几十种成熟的题型，而每种题型又根据题目条件的变化细分出许多小的类型。大家熟知的“数独”就是谜题中的一个大家族。除此之外，还有数回、数墙、数和、数桥和数壹等也都是比较成熟的谜题人类。每年还有很多不同的智力谜题类型不断被发明出来。

谜题入门很简单，只要看懂题日规则，马上就可以上手去做。初次接触谜题的爱好者可以根据自己对规则的理解进行推理分析，而常玩智力谜题的高手对每种题型的形式都有一定的了解，这样在解题推理时更得心应手。作为一种严谨的逻辑推理游戏，谜题必须只有一个符合规则的答案，如果题目存在多个答案，那么这种不合格的题目会影响解答者的推理，所以具有唯一解是所有智力谜题的

四　风

统一要求。

很多智力谜题的题型已经有几十年的历史，从1992年至今，每年在不同会员国举办一次世界谜题锦标赛。世界谜题锦标赛是由国际官方组织世界谜题联合会与每年不同的申办会员国共同主办的智力谜题顶级赛事。2013年第22届世界谜题锦标赛将在中国北京举行。

本套智力谜题丛书比较全面地介绍了各类智力谜题和基本解法，为国内爱好者了解、学习和练习智力谜题提供了一份不可多得的材料。

目 录

第1章
四风的基本常识

一、四风简介

四风，英文名称为：Four Winds，是一种以画线作为推理方式的智力谜题。该题型的基本解题思路是，在题目中盘面的已知数上，画出向四面延伸的若干长度的线段，这四个方向延伸出的长度格数的总和就是这个数字的数值。

我们来看一道四风的示例和答案（图1.1和图1.2）：

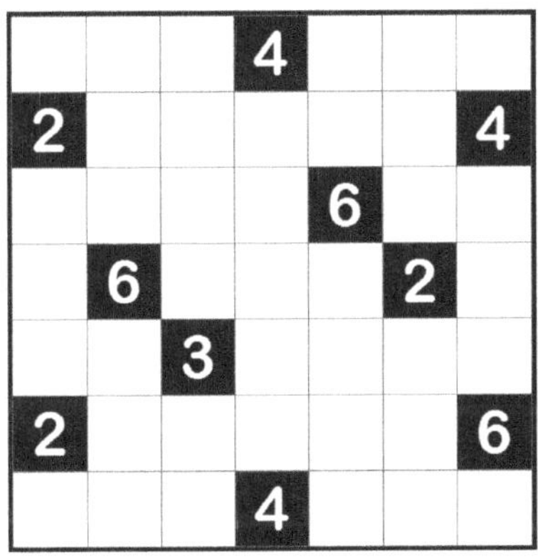

图1.1　四风示例

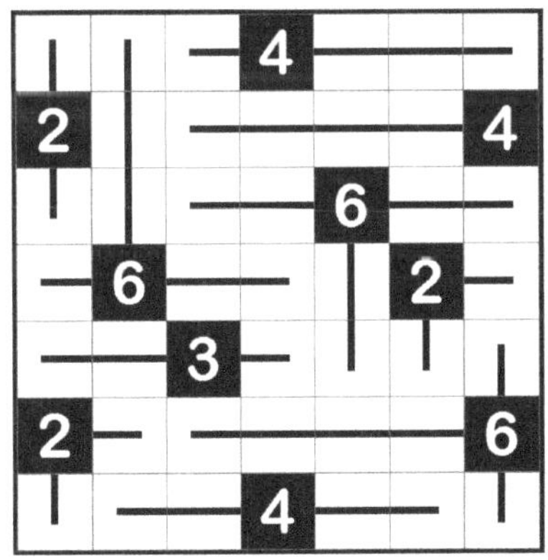

图1.2　四风示例答案

二、四风的特点和规则

四风是一种非常有趣的画线推理谜题。其规则简单易懂，做题方式容易操作，由于涉及的规则不多，使得题目更加严谨。像做其他谜题一样，做四风题时也需要有条理性，每步都经过严格的推理确定后，方能画线，否则很容易画到一半出现错误。

规则：

1．在盘面中由已知数所在黑格向水平或垂直的四个方向画出线段，画出线段格数的总和与该已知数的数值相同。

2．由某已知数所在黑格画出的线段不能进入其他黑格，也不能与其他黑格画出的线段共占一格，最终盘面中所有空格都会被某一条线段占据。

三、四风的作用

在解四风题目时，需要解题者仔细观察之后推理出答案。在这个过程中，解题者不仅享受了闲暇，缓解了工作和学习带来的压力，同时还能增强观察、推理和心算能力以及激发冷静解决问题的能力，促使养成谨慎、仔细等良好的习惯。

第2章
四风解法

一、已知数某个方向必能延伸出的线段

观察图2.1左上角已知数字8，由于其在角落只能向右和下这两个方向延伸出线段。右边的空格总共有5格，就算全不被数字8占据，那么也至少要向下延伸3格。同理，如果下方5个空格全部占满，也至少可以向右延伸3格。

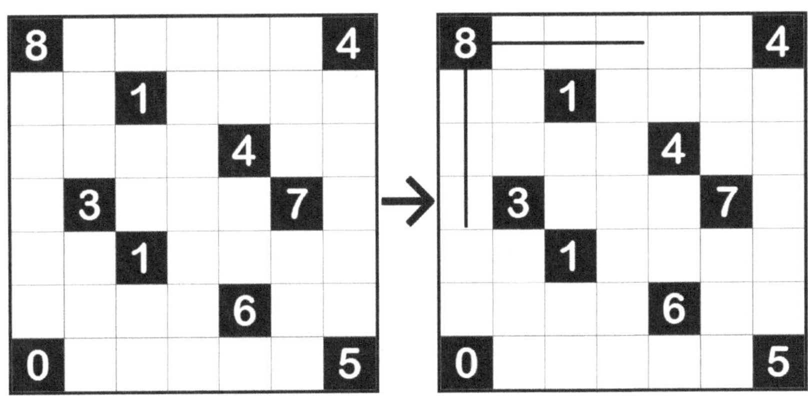

图 2.1

二、某空格只能被某个数字的线段占据

在图2.2中，最下面一行中的灰格只能被右面的数字5延伸出的线占据，上方的数字1和左边的数字0都不能延伸出占据该格的线段。所以，可以得到右侧图中由已知数字5画出的线段。

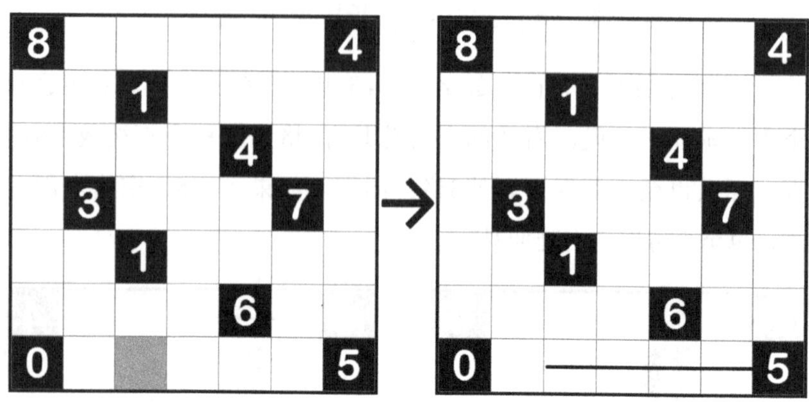

图 2.2

总结和提示：

四风的常规解题思路就是上述两种，一种是根据已知数黑格进行分析，找到某个方向必须延伸的条件。或是找到某些特殊位置的白格，只能受到某个黑格影响，从而做出判断。

在某些盘面不容易推理的时候，爱好者需要同时看几个黑格是否会相互影响，从而得到只有一种划线的方式，这种需要考虑几步的情况大家在做盘面稍大的题目时会常遇到。

总之，四风虽然规则简单，但做起来有时并不容易，需要爱好者付出更多的细心和耐心。某些已知数虽然数值较大，但画出的线段往往都是一格一格推理出来的，并不是一下就可以画出某方向的整条线段。在做题的过程中，要严格按照推理去划线，稍不注意就可能做错题。

第3章
四风练习题和答案

四
风

第1题

5×5四风练习题和答案

		2		
				6
	2		1	
6				
		2		

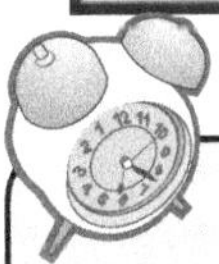

目标时间 ……分……秒

实测时间 ……分……秒

解题攻略

1．用数字1~9填入空格，同行或同列中连续的一段数字不能出现重复；

2．连续的一段数字之和标注在横向一段数字的左边一格或纵向一段数字的上方一格内。

第2题

				6
	2	0		
		1	3	
7				

在规定的时间内解出题目且全部正确。

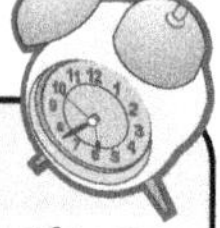

目标时间　　分　　秒

实测时间　　分　　秒

四风练习题 / 测试标准(分钟/题)	5×5	6×6	7×7	9×9
合　格	8	12	30	40
良　好	4	6	15	20
优　秀	2	4	12	15

测试目标

		4		
	2			4
2			6	
		1		

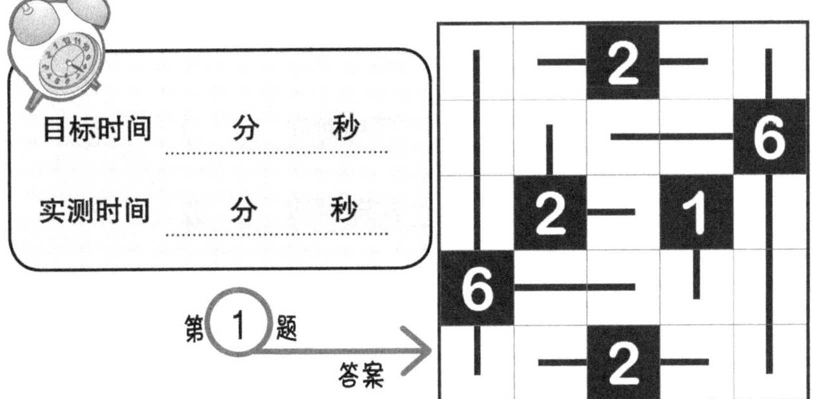

		4		
5			1	
	3			5
		1		

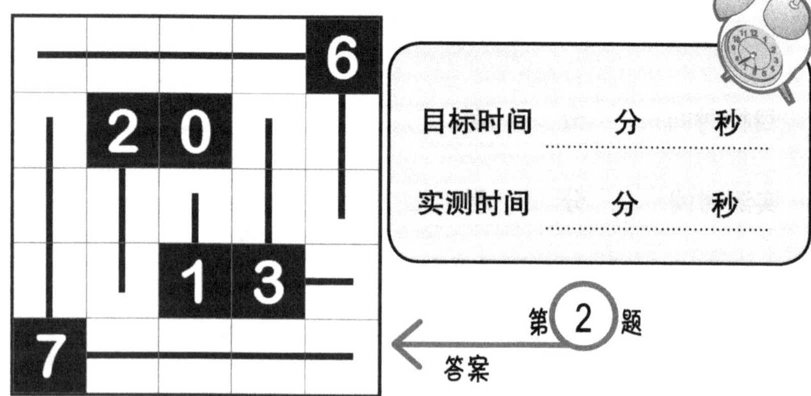

		6		2
	3			
			3	
2		3		

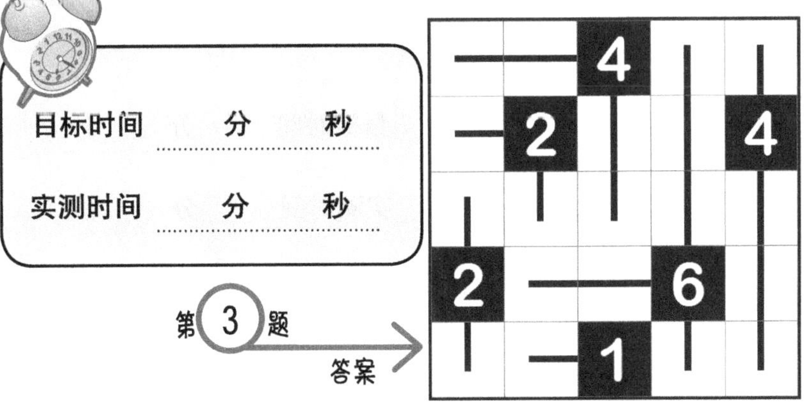

4				
			2	
1				2
	6			
				4

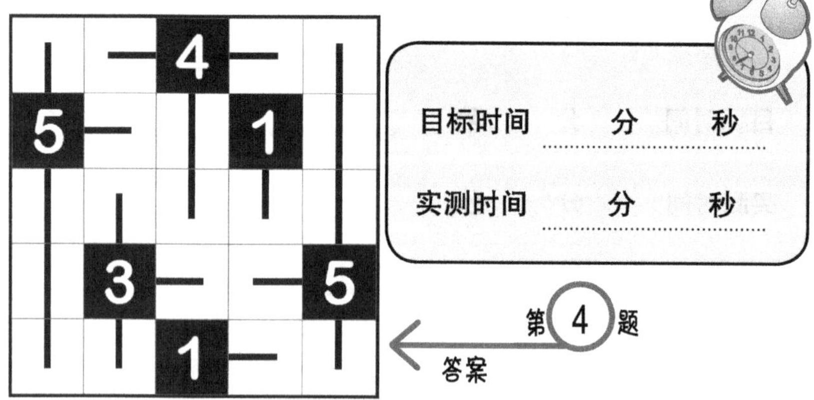

4				
		2		
4				2
		4		
				3

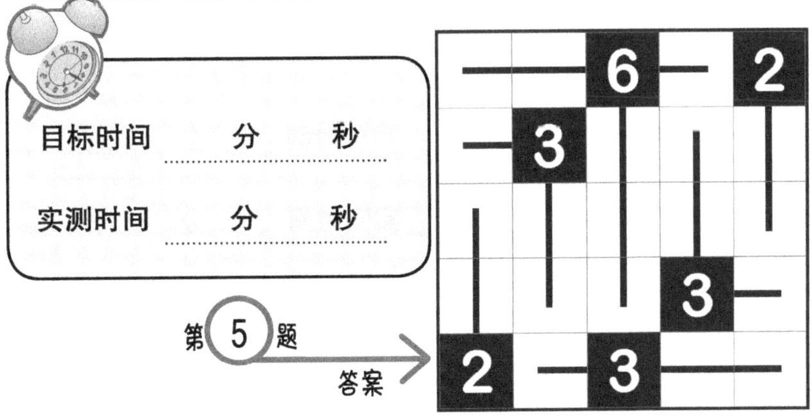

			3	
7				
	2		0	
				3
	4			

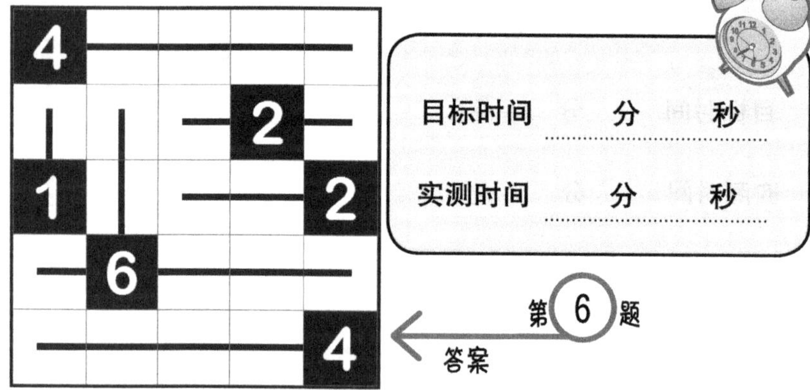

	2			
				5
	2		1	
5				
			4	

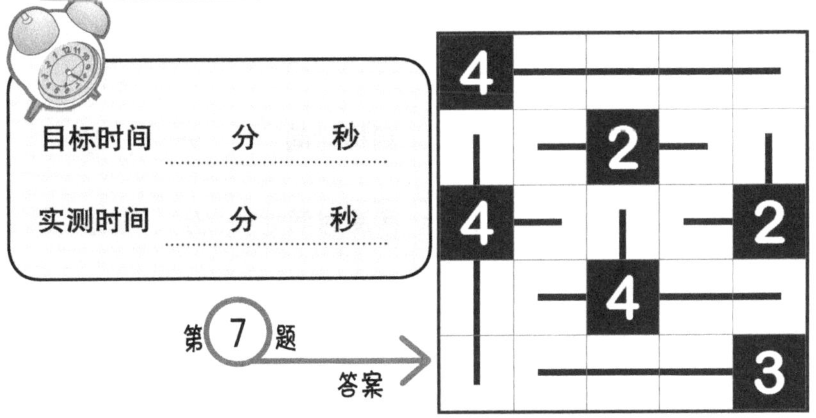

				3
		2		
5				4
		2		
3				

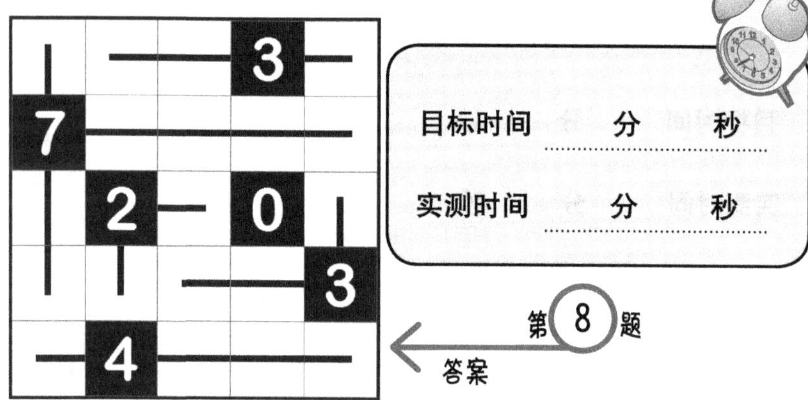

	6			
			1	
1				4
	2			
			5	

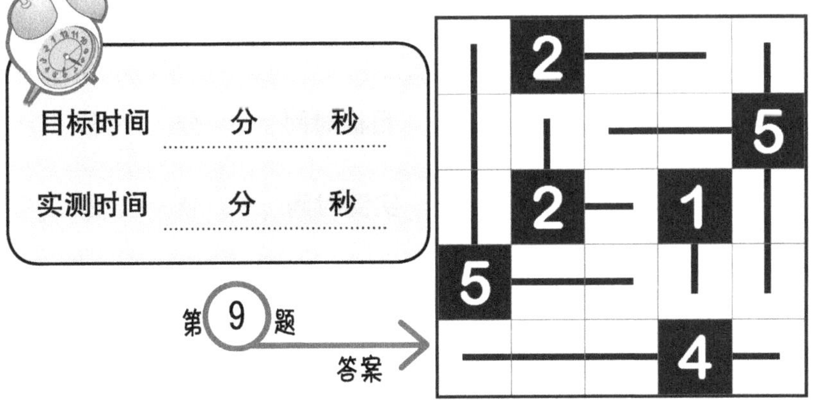

		4		
5				
	0		1	
				7
		2		

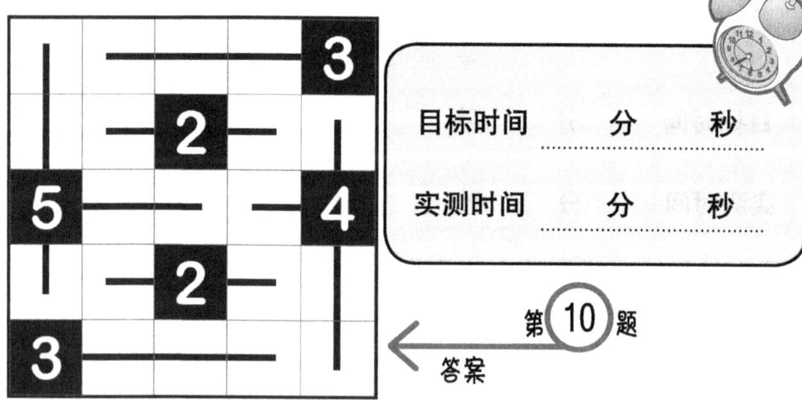

	5			
				2
	0		2	
6				
			4	

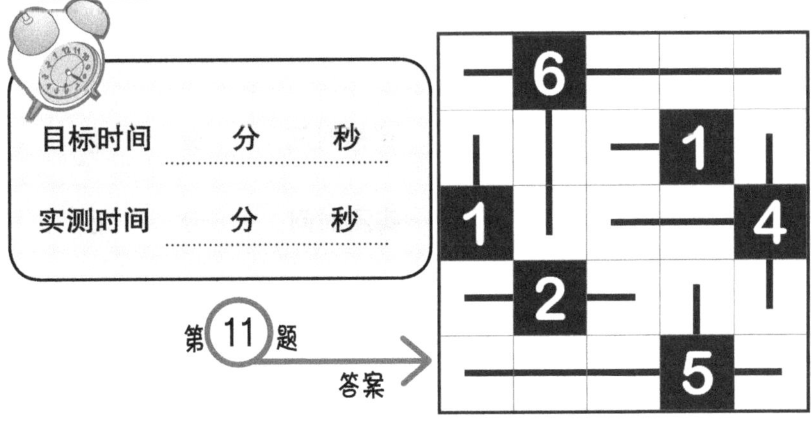

	4			
			1	
3				5
	5			
			1	

			4	
5				
		3		
				6
	2			

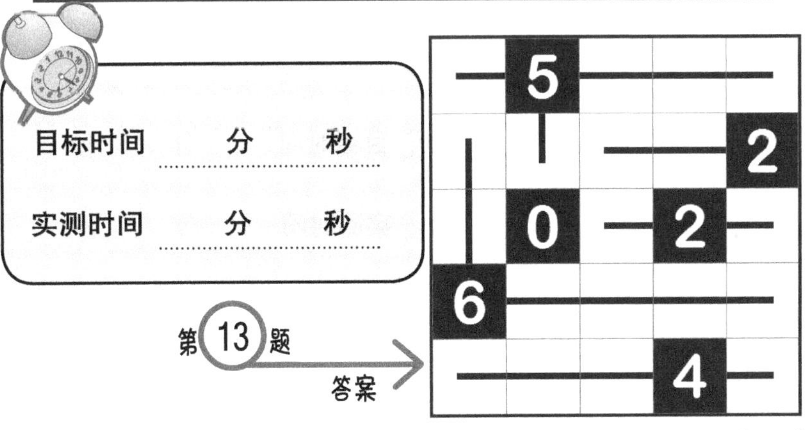

3		4		
	2		4	
		3		3

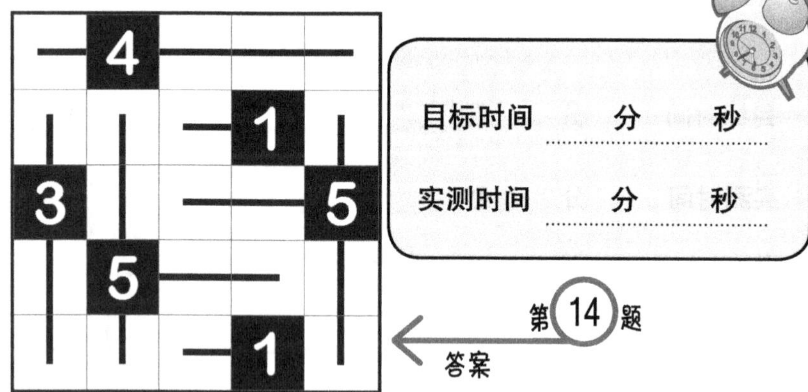

	4			
		0		
5				2
		1		
			7	

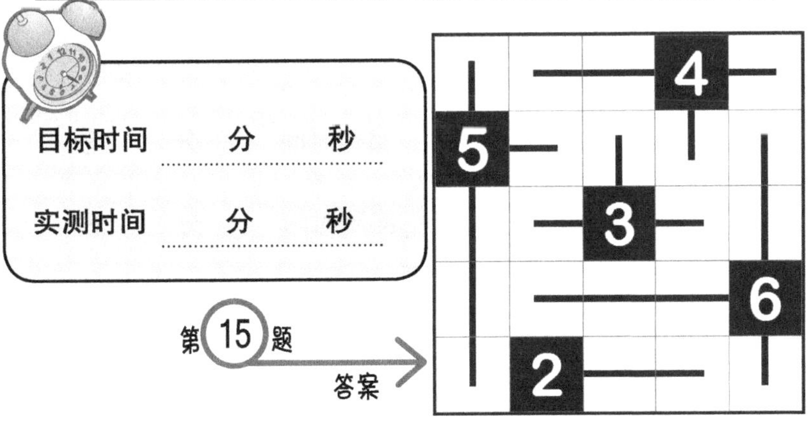

		3	3	
3				
				5
	4	1		

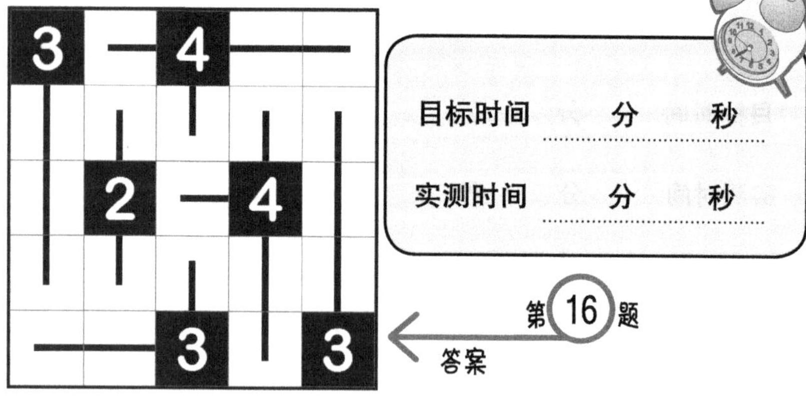

		1		
	3			
4				5
			4	
		2		

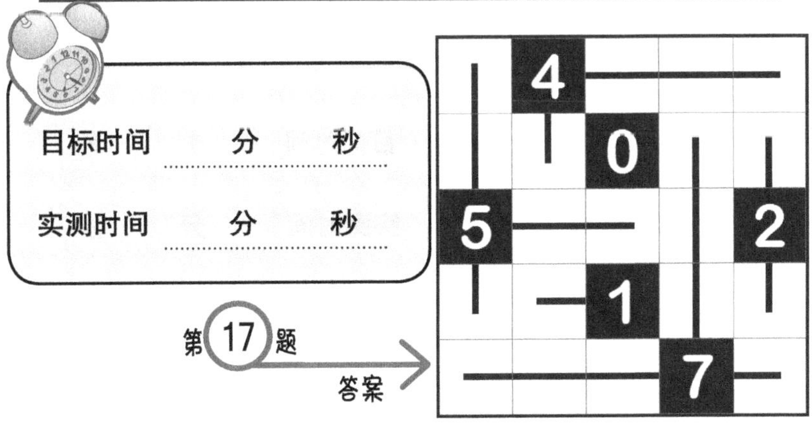

				3
			2	
4				3
	2			
5				

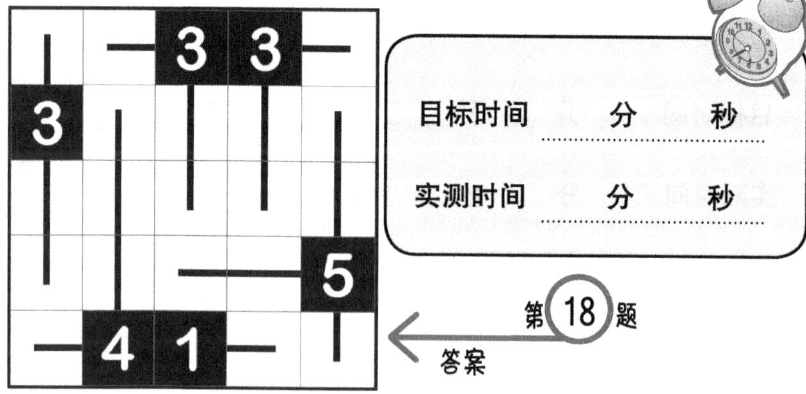

6×6四风练习题和答案

	7				
			1		
				4	3
4	4				
		1			
				4	

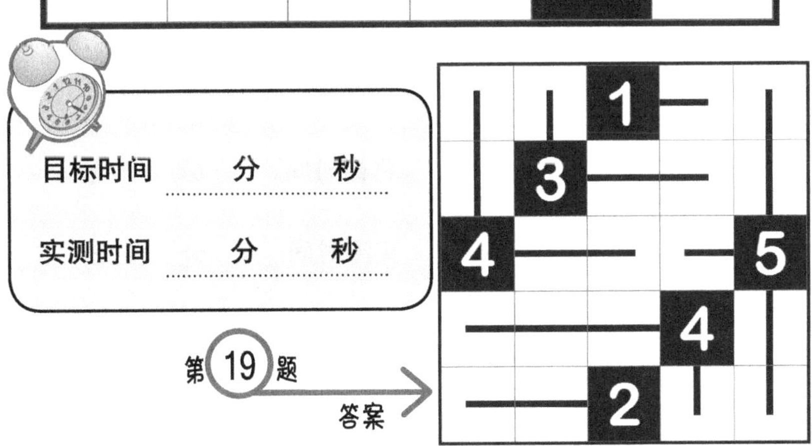

第22题

					2
		2			
				6	4
4	6				
			1		
3					

目标时间　　分　　秒

实测时间　　分　　秒

第20题答案

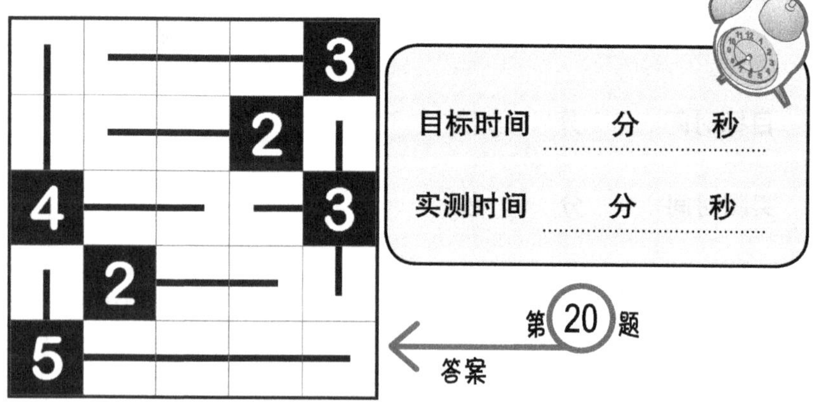

2		6			
				3	
1					
					2
	5				
			8		1

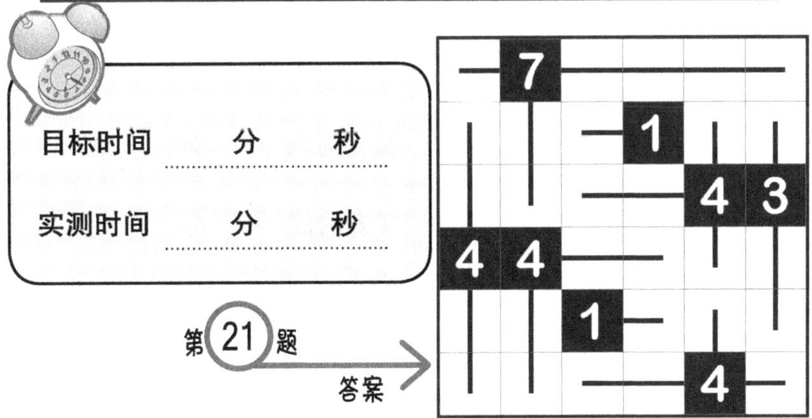

0				3	
		3			
					3
4					
			8		
	6				1

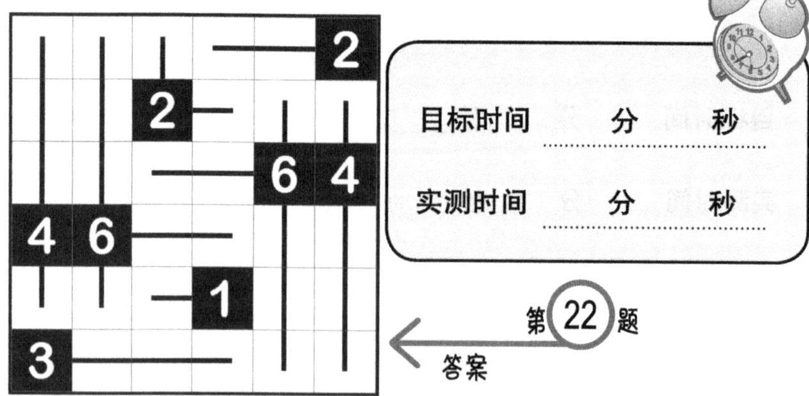

	6			1	
3					5
		3	2		
	4			4	

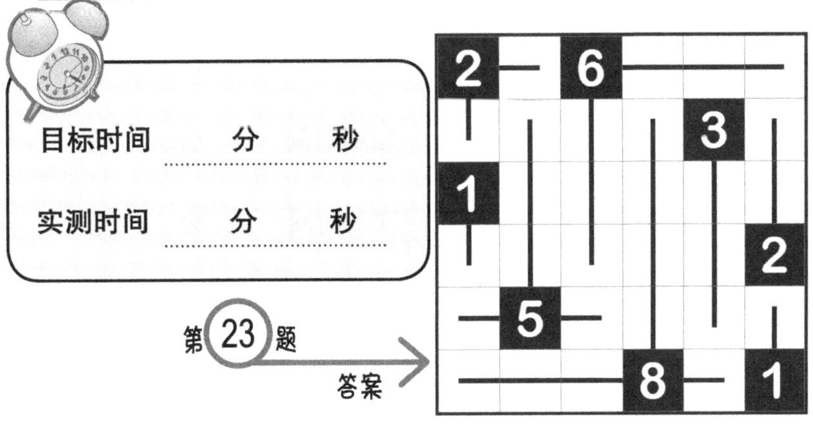

4					1
		5			
				4	
	2				
			1		
8					3

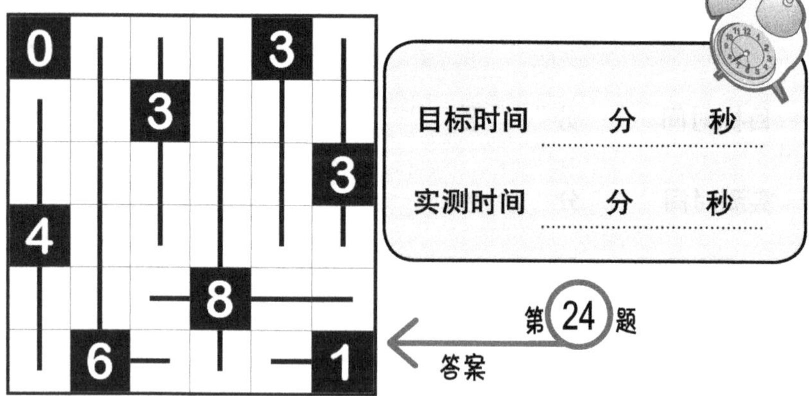

6					0
		6		5	
	4		2		
0					5

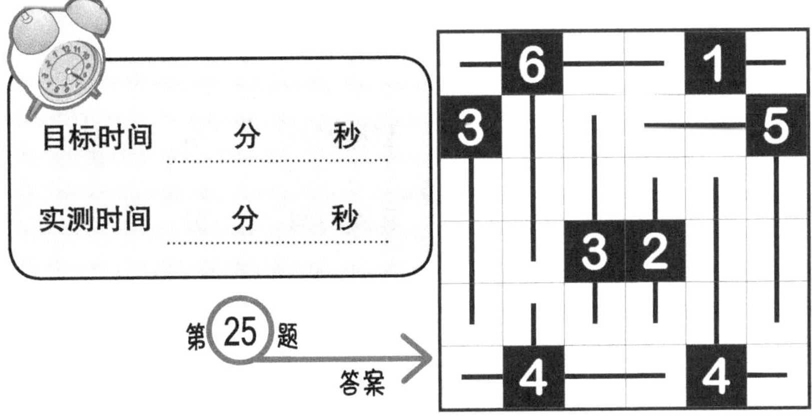

	6				2
4		3			
			3		3
2				5	

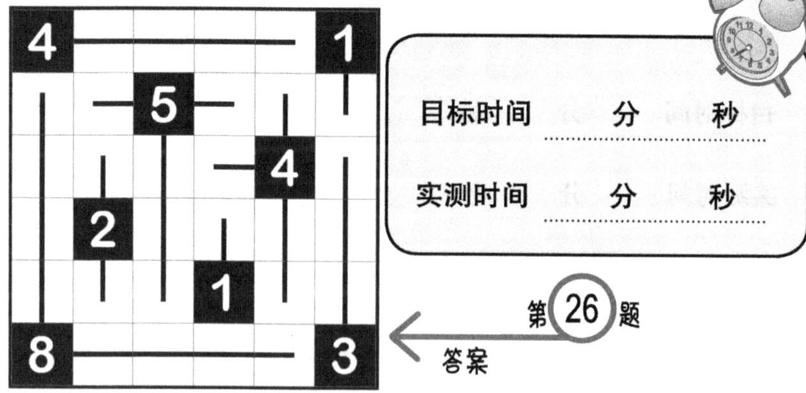

	5			1	
		3			6
3			2		
	2			6	

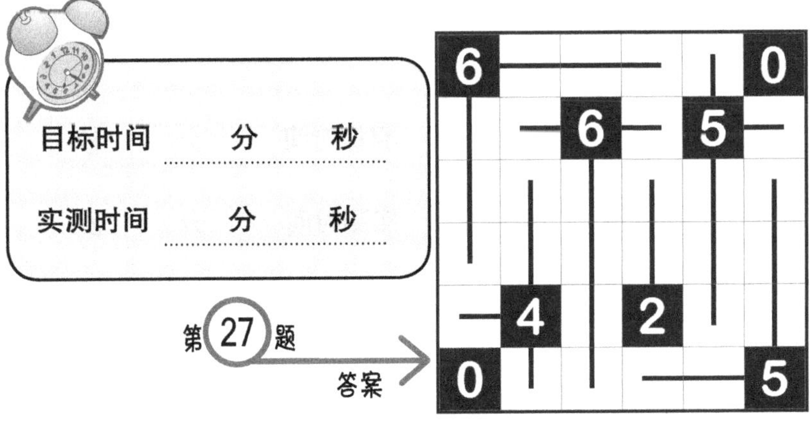

2				2	
					4
				5	
	5				
4					
	2				4

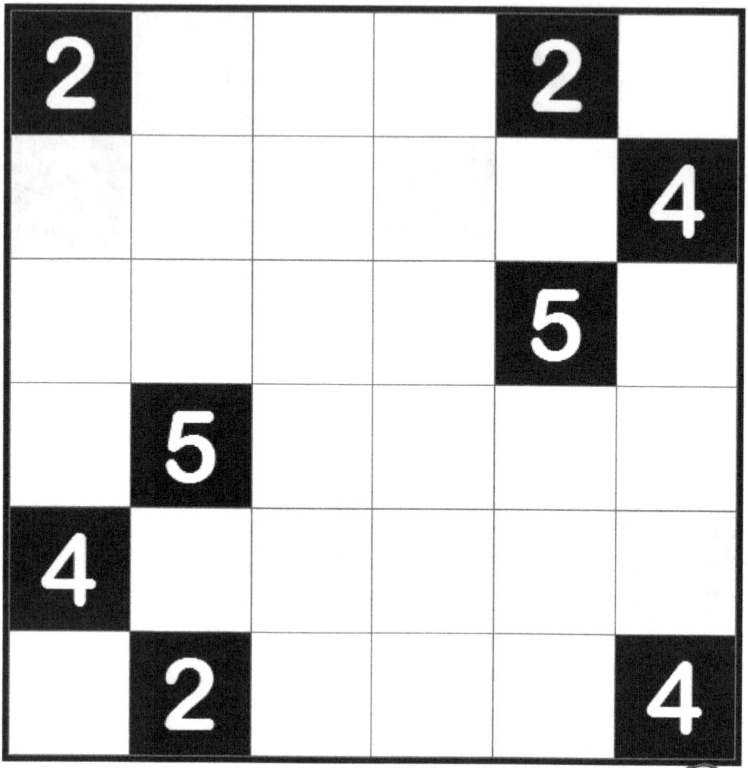

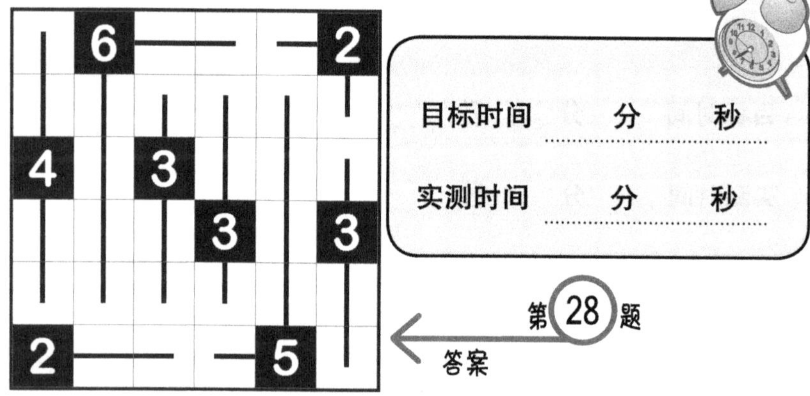

			3		
5	6				
			1		
		3			
				1	5
		4			

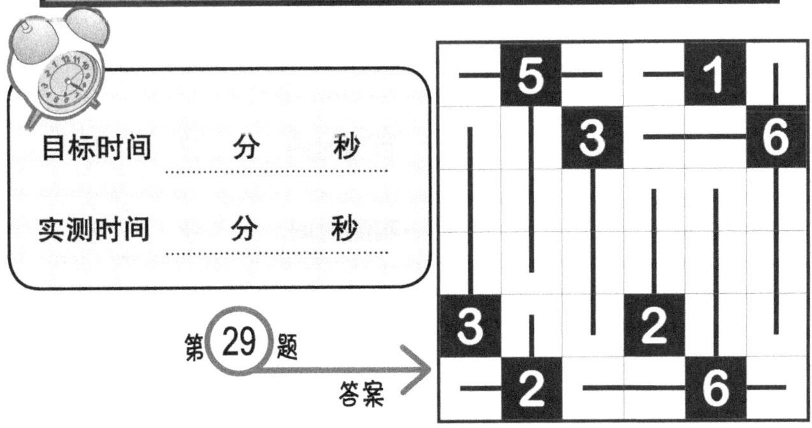

	6	2			
					7
		5			
			2		
4					
			1	1	

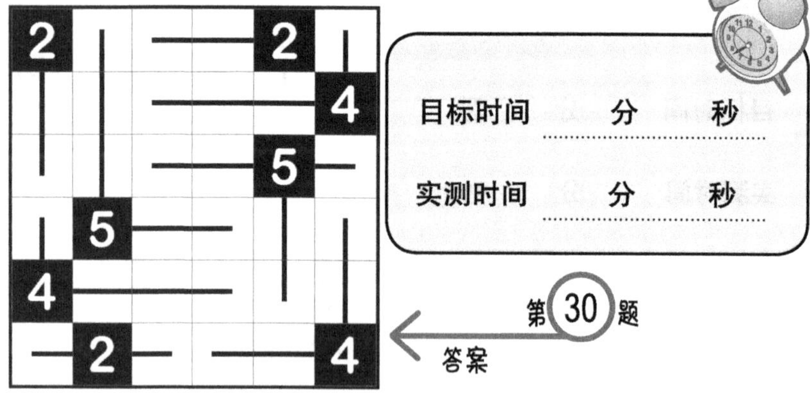

		8			1
1					
	2				
				3	
					2
4			7		

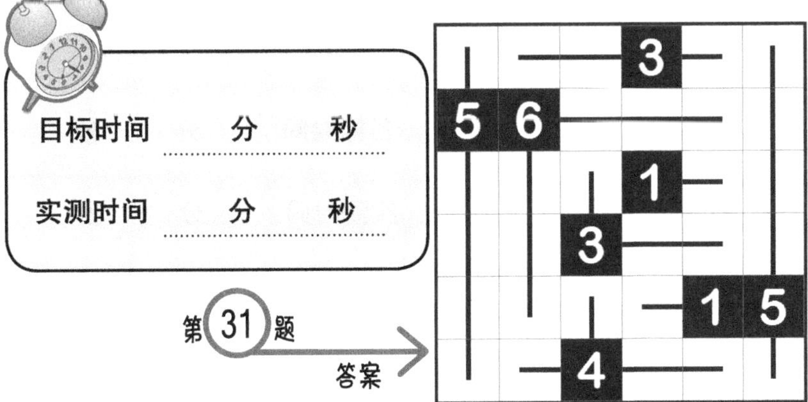

			2		
		2			5
				6	
	4				
7			1		
		1			

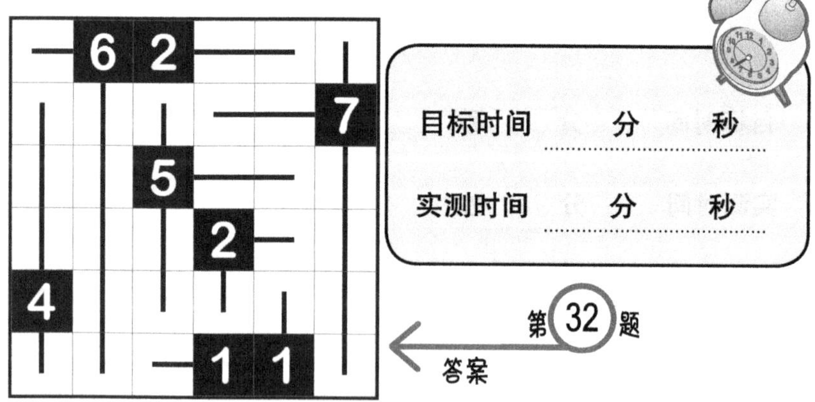

		3			
6					
				4	3
2	4				
					4
			2		

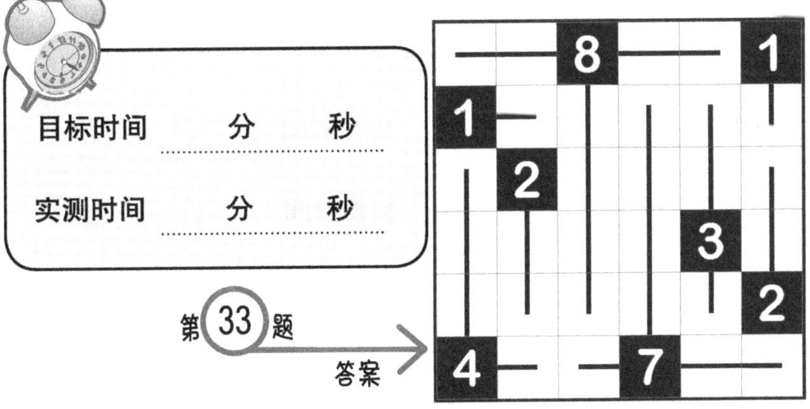

			4		
8					
				3	
	6				
					5
		4			

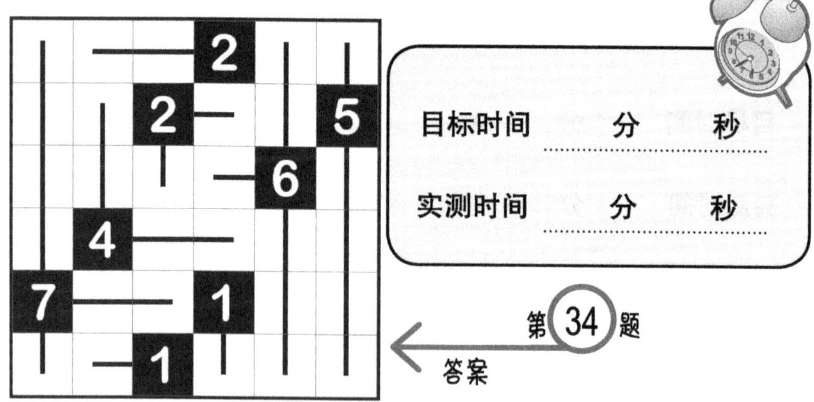

3			3		
	5				
					4
5					
				6	
		2			0

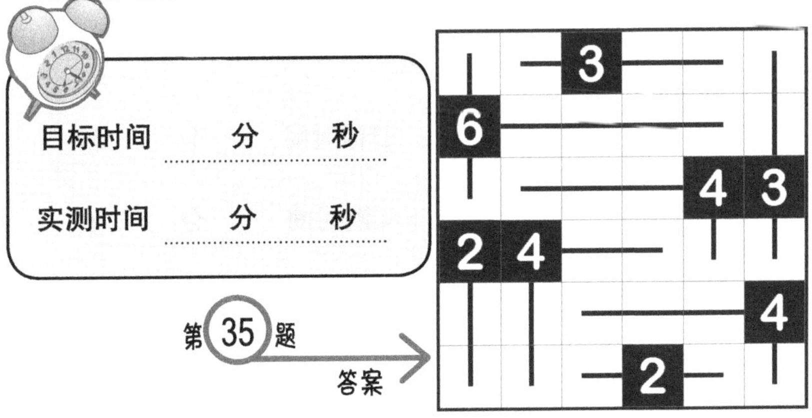

1				5	
		7			
					2
2					
			5		
	5				1

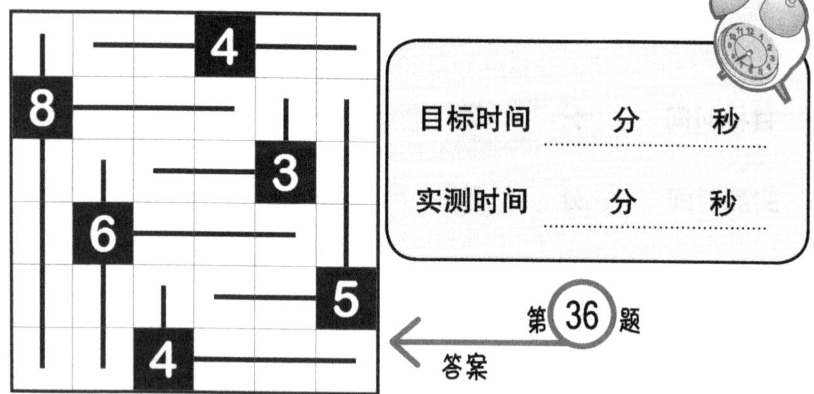

				5	
				3	
4		4			
			0		3
	6				
	3				

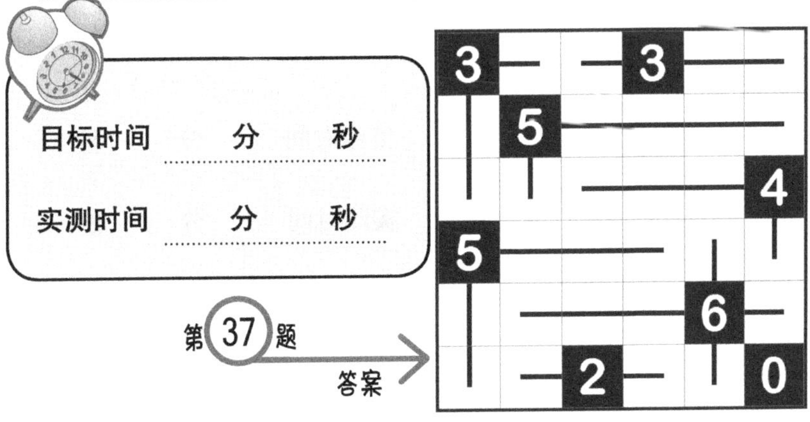

	4				
1					4
				3	
	7				
1					6
				2	

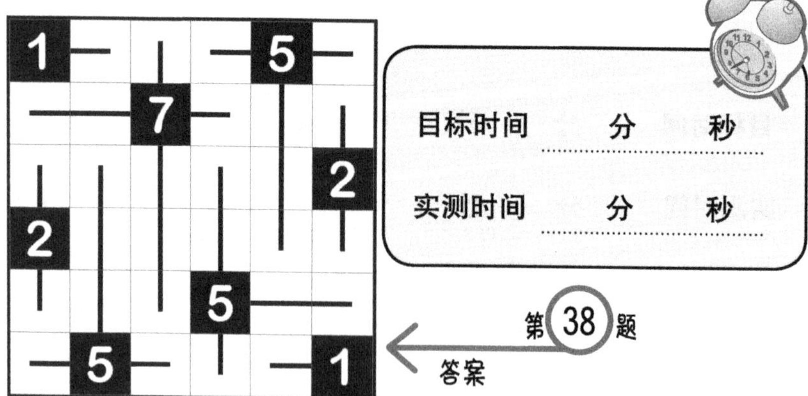

		4			
9					
				4	
	4				
					7
			2		

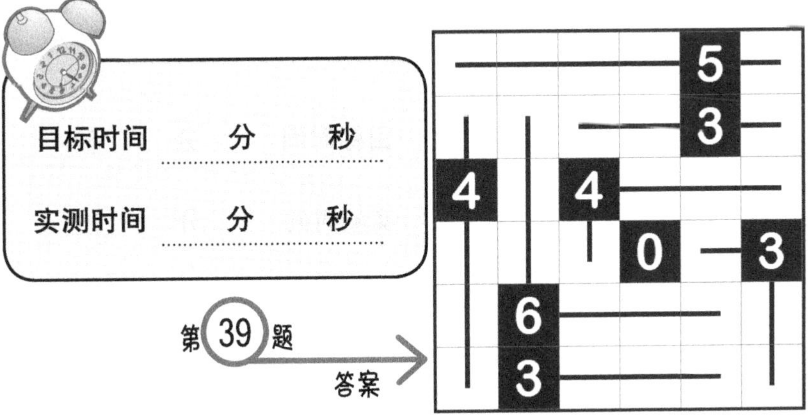

					4
	4	5			
					5
3					
			1	2	
4					

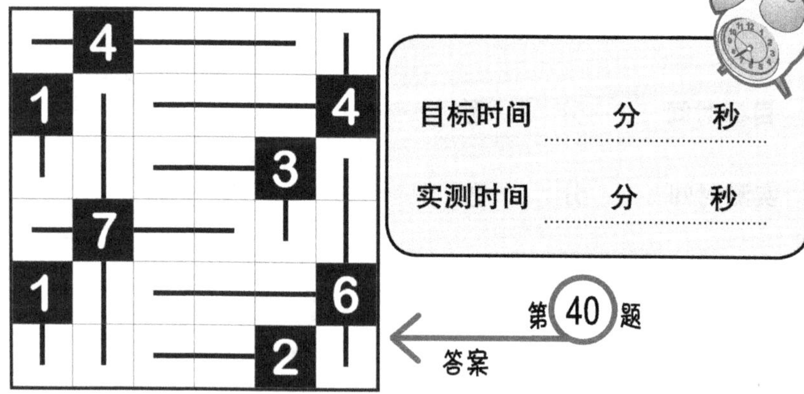

1				3	
		6			
5					
					5
			4		
	3				1

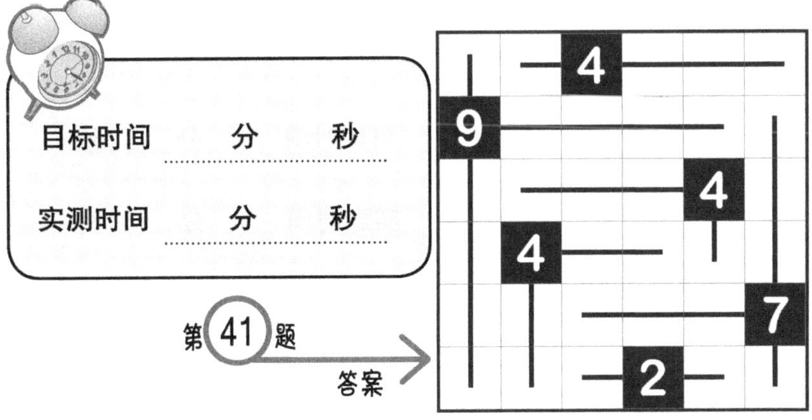

					6
			4		
3	3				
				1	2
		5			
4					

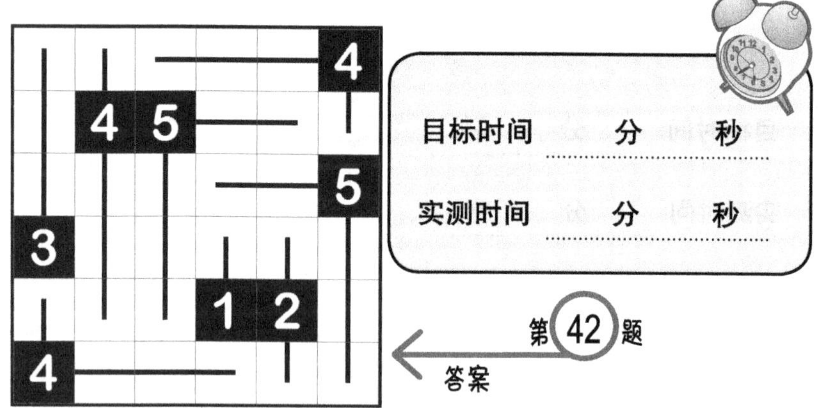

	0		6		
					6
	2				
				1	
5					
		6		2	

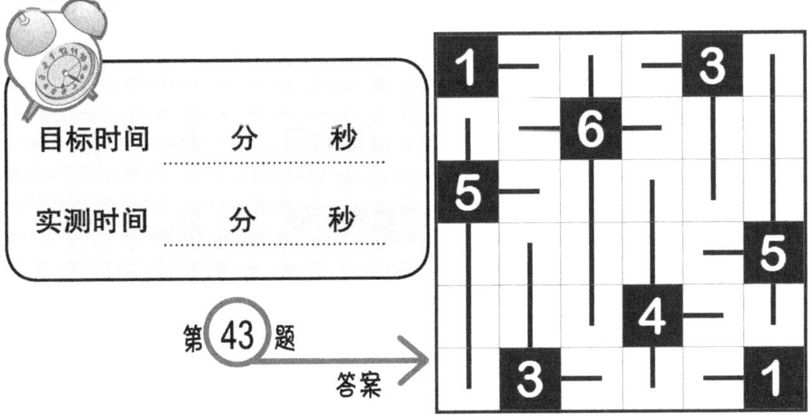

				5	
			0		
		3			6
4			1		
		2			
	7				

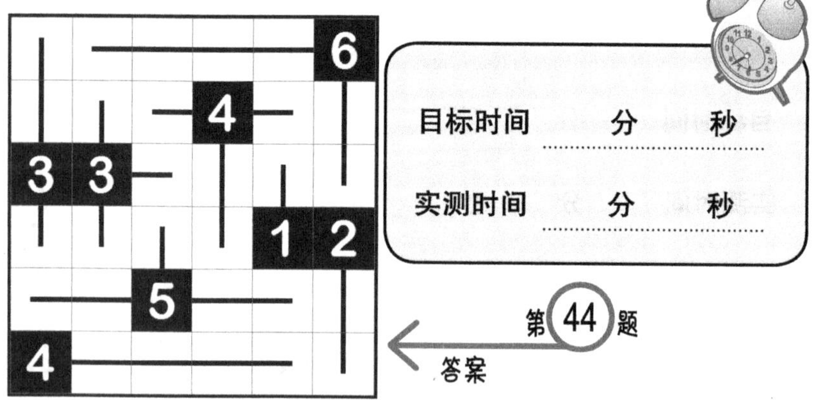

		8			
				4	3
4	4				
			7		

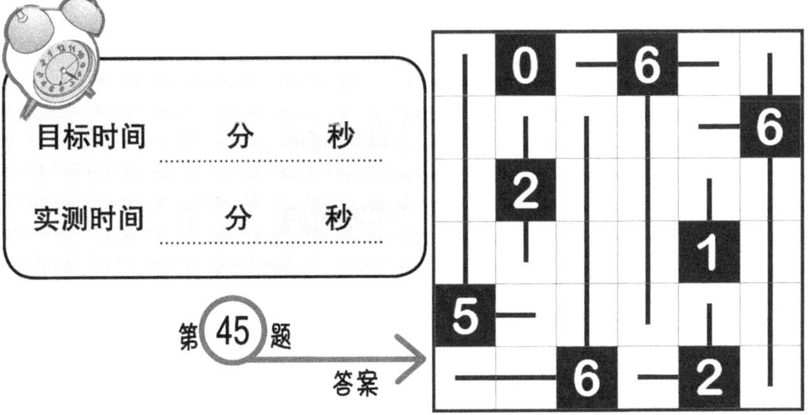

	7				
					4
1		0			
			2		2
5					
				7	

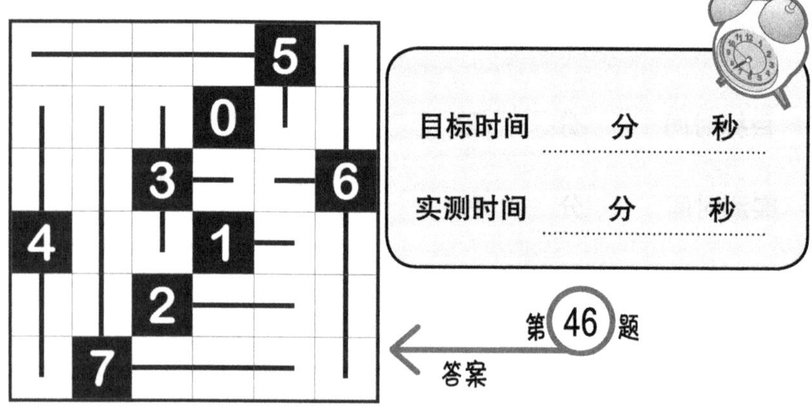

					3
	5				
		0			4
3			3		
				7	
3					

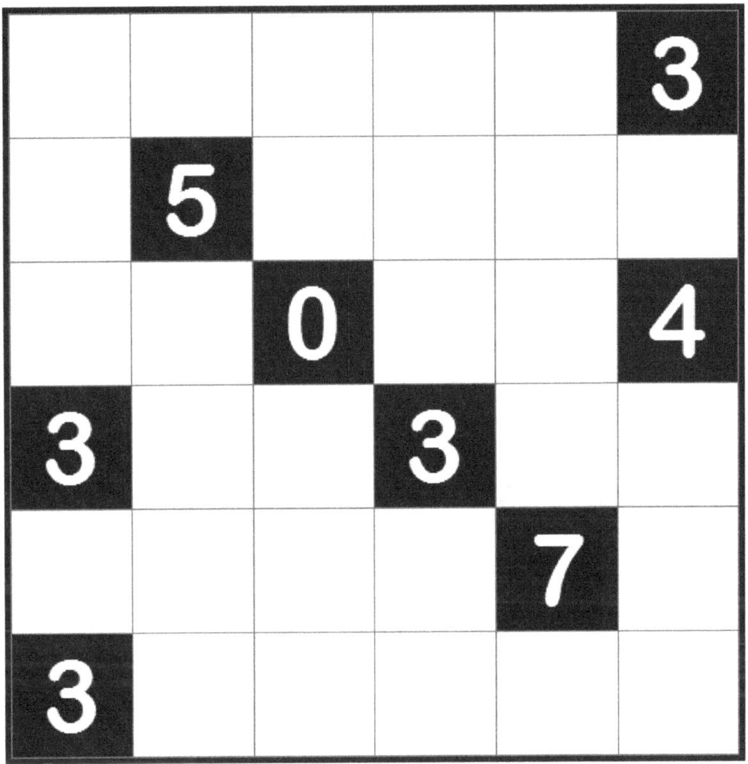

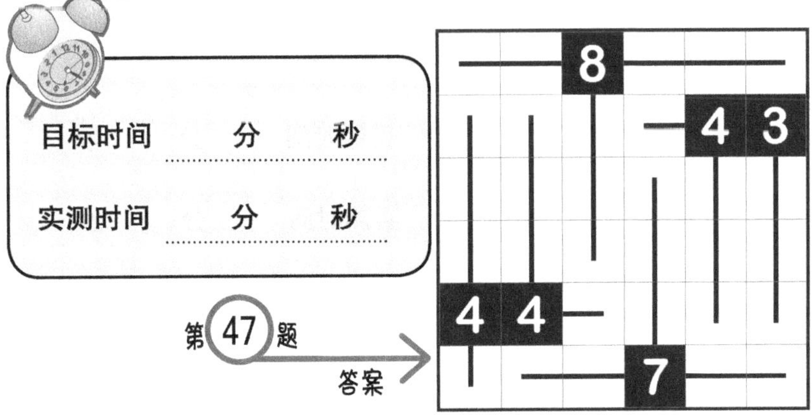

	4				4
			4		
				5	
	5				
		1			
1				4	

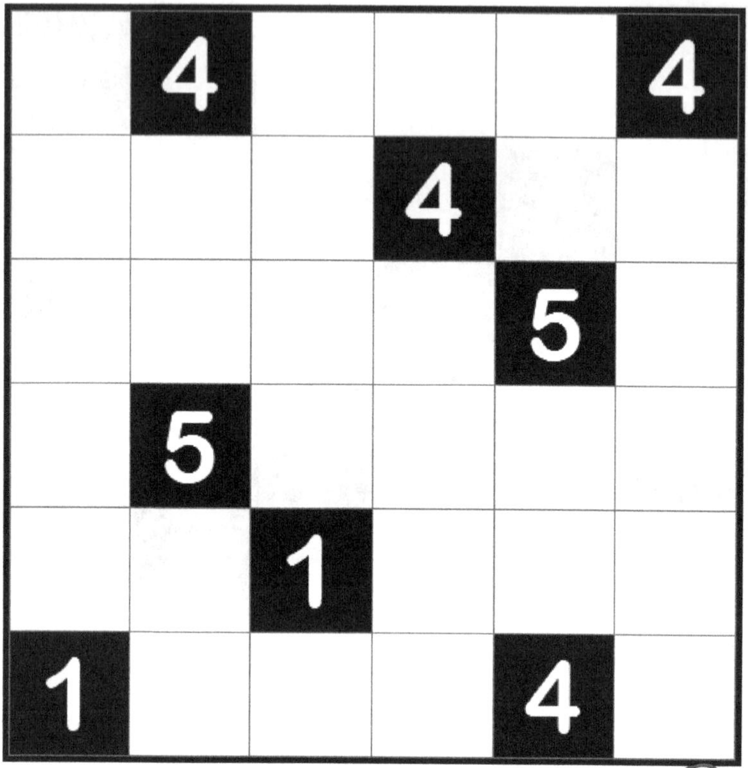

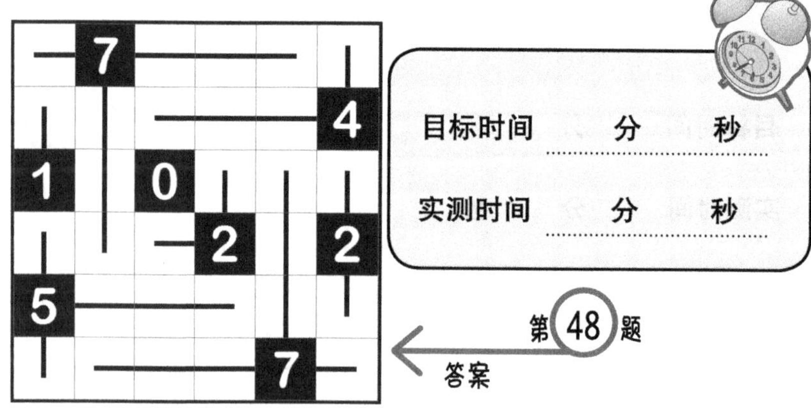

第51题

7×7四风练习题和答案

8						4
		1				
				4		
	3				7	
		1				
				6		
0						5

目标时间　　分　　秒

实测时间　　分　　秒

第49题 答案

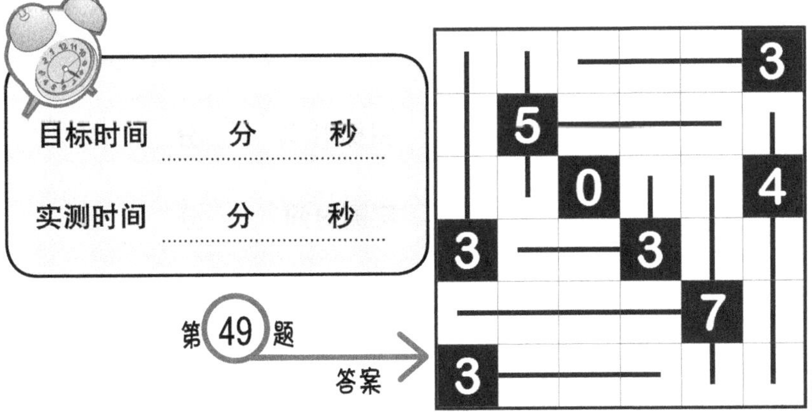

			4			
2						4
				6		
	6				2	
		3				
2						6
			4			

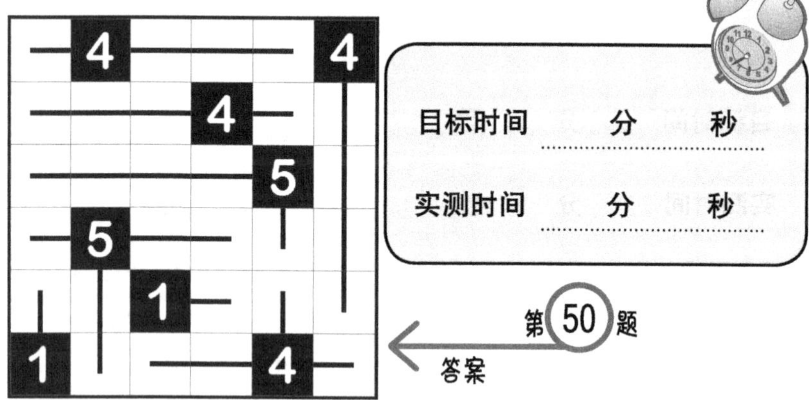

	4					3
			2			
8						
	4				3	
						7
			4			
3					1	

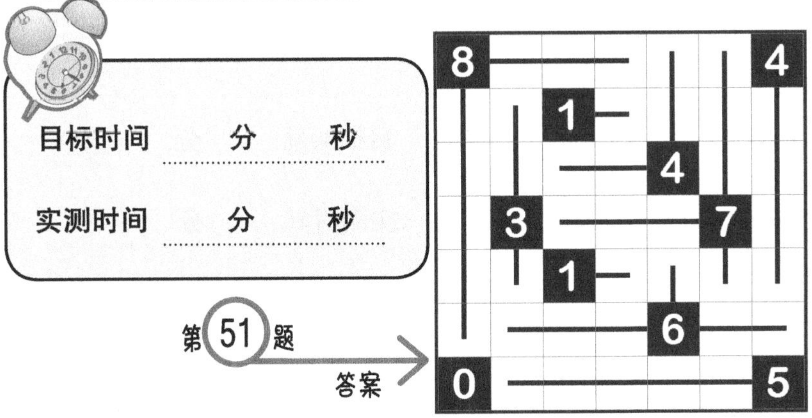

四　风

						8
2		1		2		
	3		7		5	
		1		2		2
5						

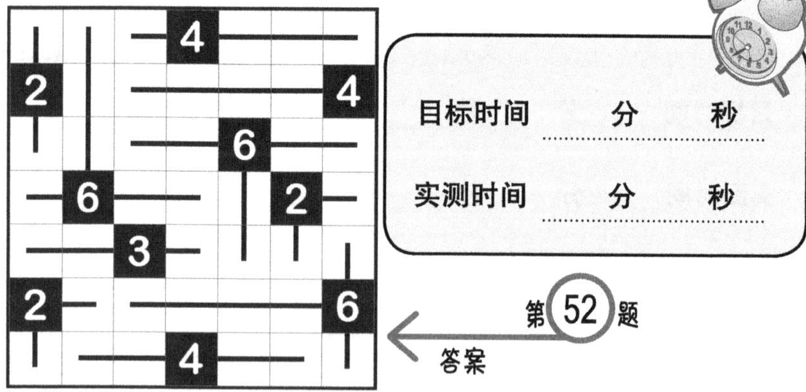

1						7
				3		
	1			3		
1						7
		2			3	
		3				
2						4

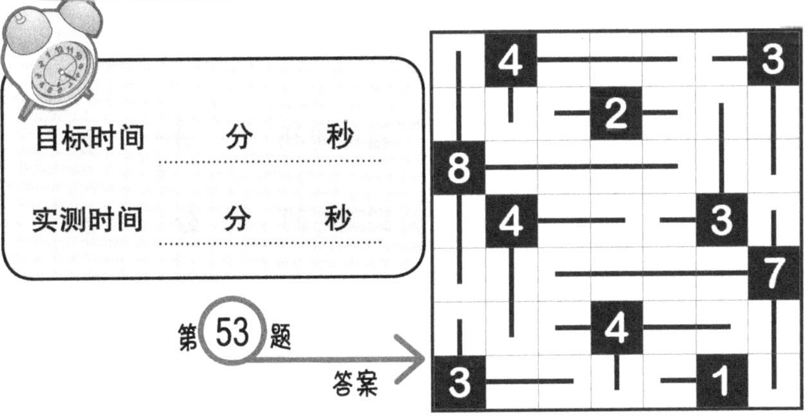

1						3
		7				
5						1
		2		3		
1						3
				4		
4						3

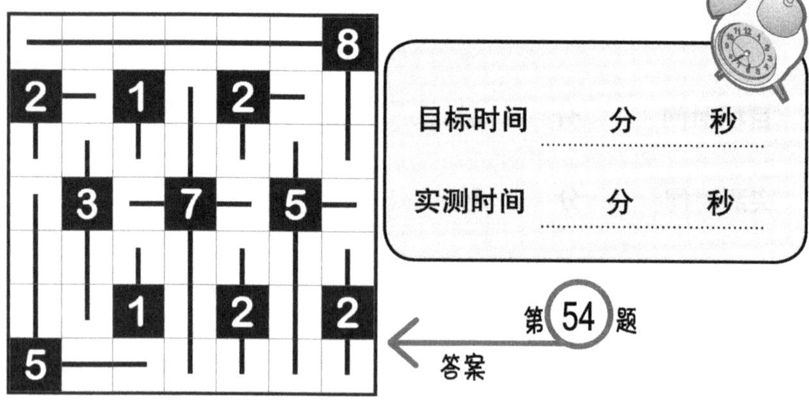

		5				3
1				2		
			0			
	9				3	
			1			
		3				6
2				2		

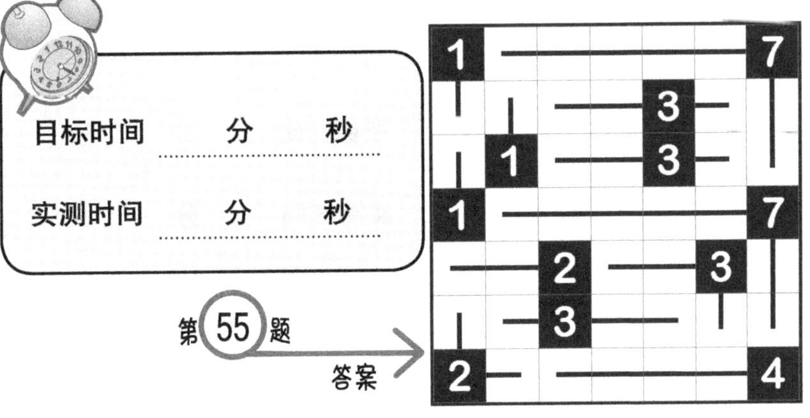

		2			2	
			8			
	3					3
			4			
5					2	
			6			
	1			2		

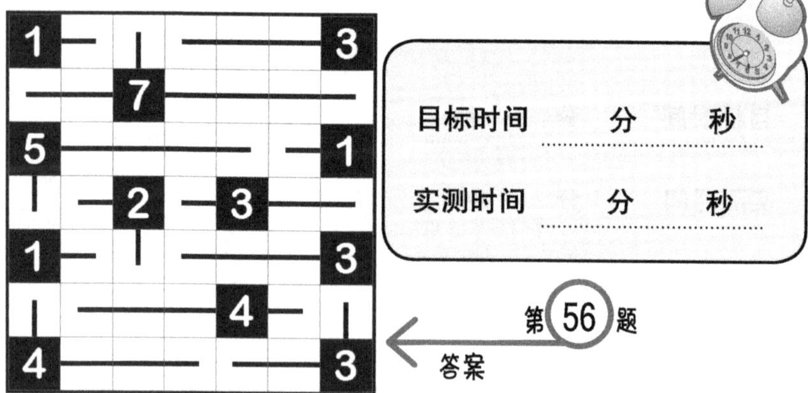

2				5		
	4					
				1		
3	3				3	2
		7				
					4	
		3				0

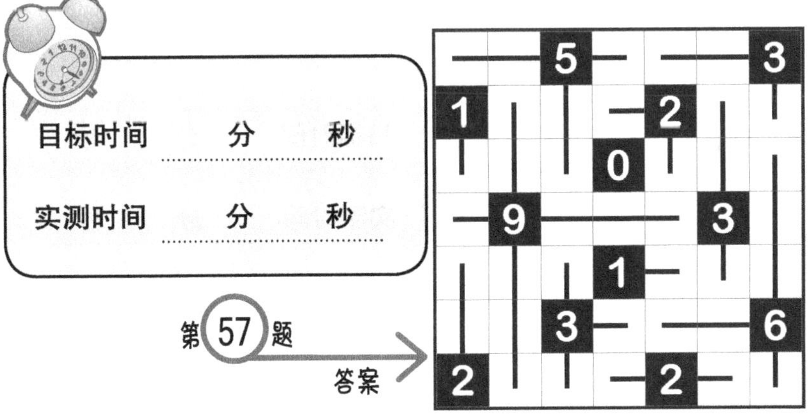

			3		0	
5						3
			4			
3						2
			5			
3						3
	1		5			

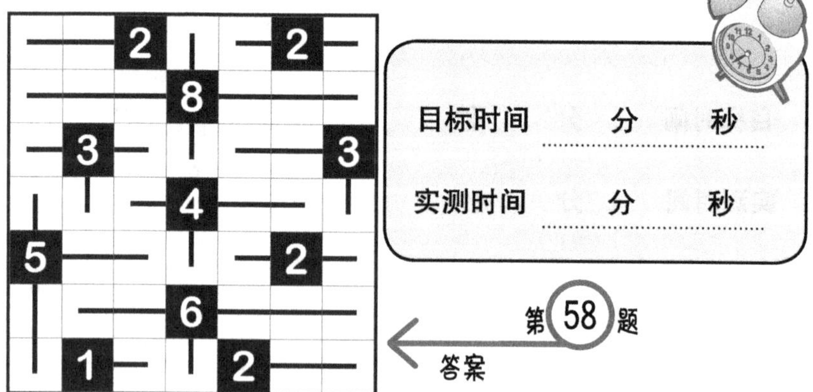

				2		
2					2	
			3			
1						7
			3			
	6					2
		11				

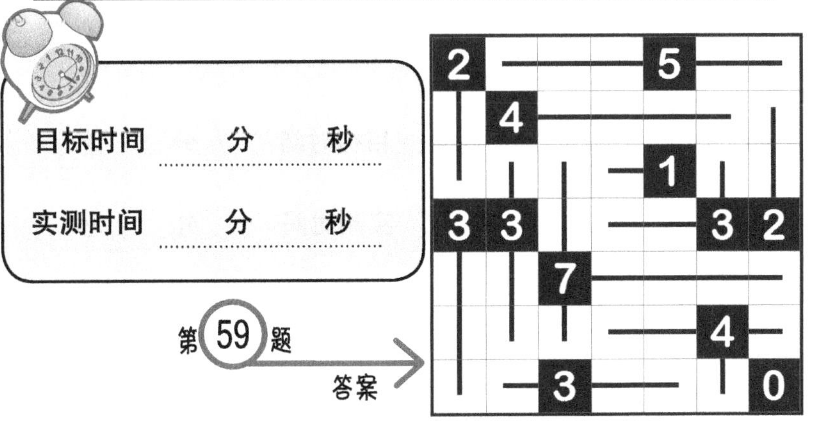

四　风

第62题

		4				
1					3	
		6				3
		2		1		
1				2		
	7					2
				5		

目标时间　　分　　秒

实测时间　　分　　秒

第60题答案

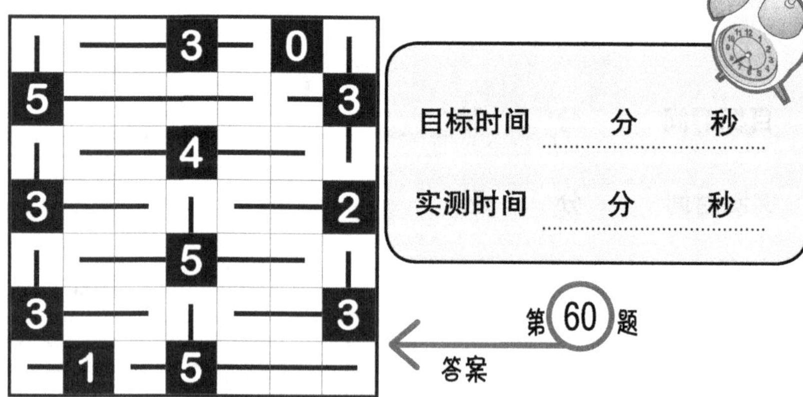

		4		1		
5						
			2		5	
	3		2			
						5
		7		5		

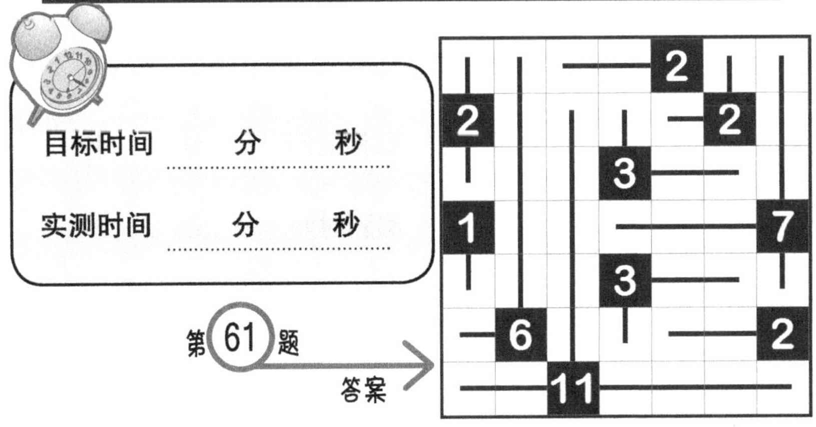

<table>
<tr><td></td><td></td><td>4</td><td></td><td></td><td></td><td></td></tr>
<tr><td></td><td></td><td>2</td><td></td><td>1</td><td></td><td></td></tr>
<tr><td>5</td><td></td><td></td><td></td><td></td><td></td><td>3</td></tr>
<tr><td></td><td></td><td>2</td><td></td><td>2</td><td></td><td></td></tr>
<tr><td>8</td><td></td><td></td><td></td><td></td><td></td><td>1</td></tr>
<tr><td></td><td></td><td>1</td><td></td><td>3</td><td></td><td></td></tr>
<tr><td></td><td></td><td></td><td></td><td>5</td><td></td><td></td></tr>
</table>

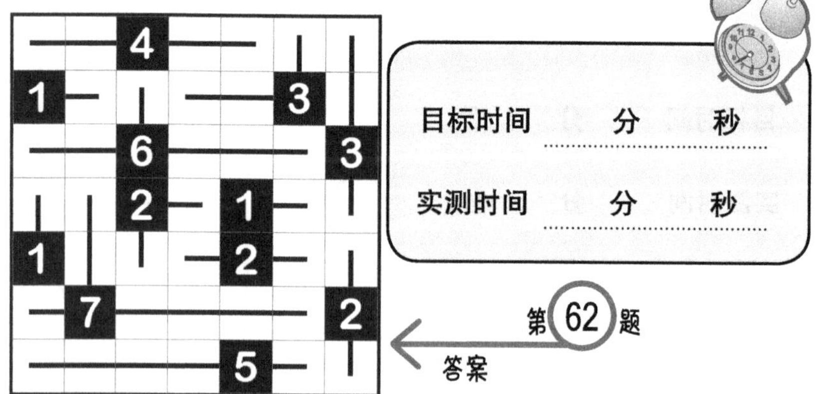

	5					3
			3			
			2			0
6						2
2			2			
			4			
2					6	

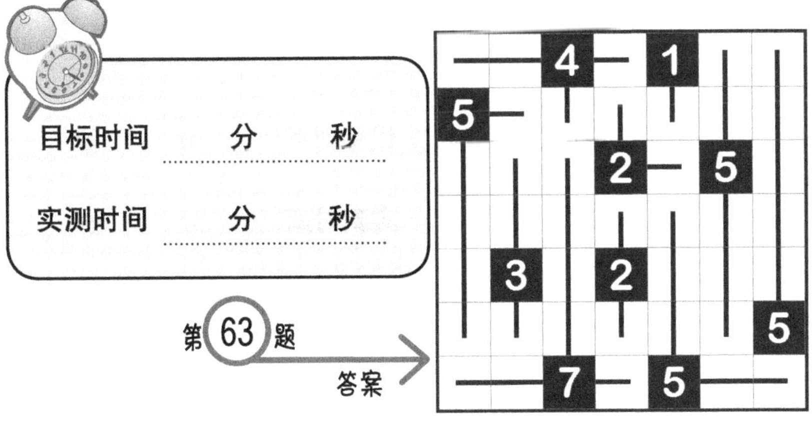

3			1			
			4			
	0			1		
3						3
		3			7	
			6			
			3			3

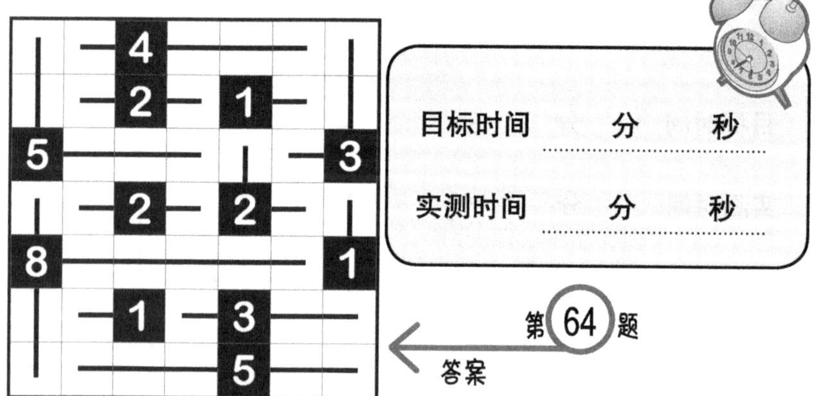

		1			2	
					2	
	3		6			
4						6
			3		2	
	3					
	2			3		

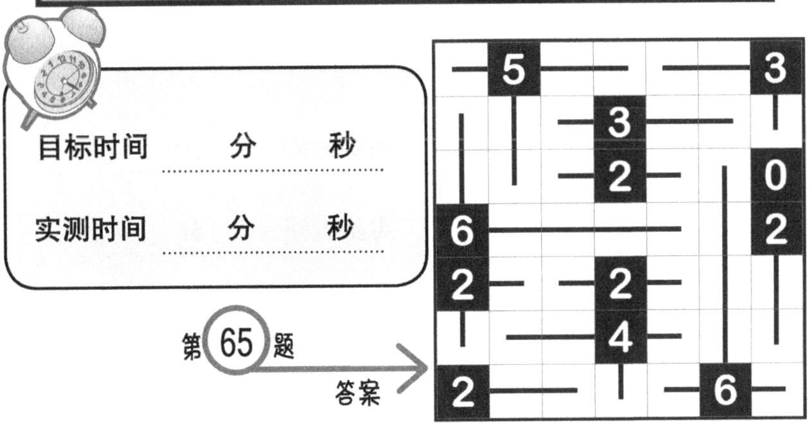

	4		3			
0				1		
						3
		2		4		
7						
		1				1
			3		8	

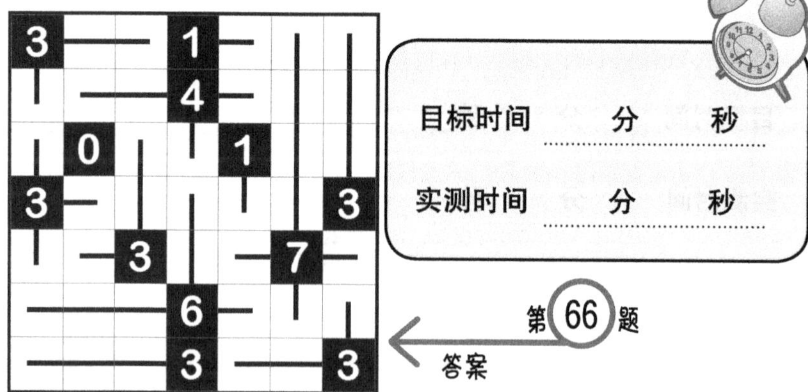

	1		1			0
					7	
6						
		4		2		
						3
	1					
5			2		5	

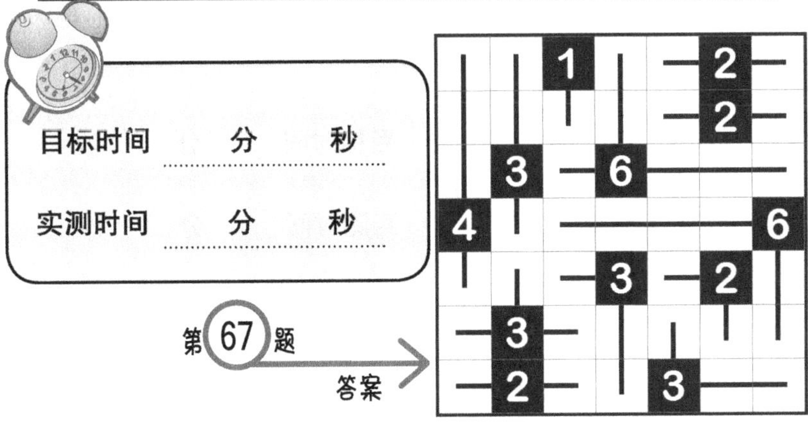

	9					3
0			4			
				2		
2						1
		8				
			1			4
2					1	

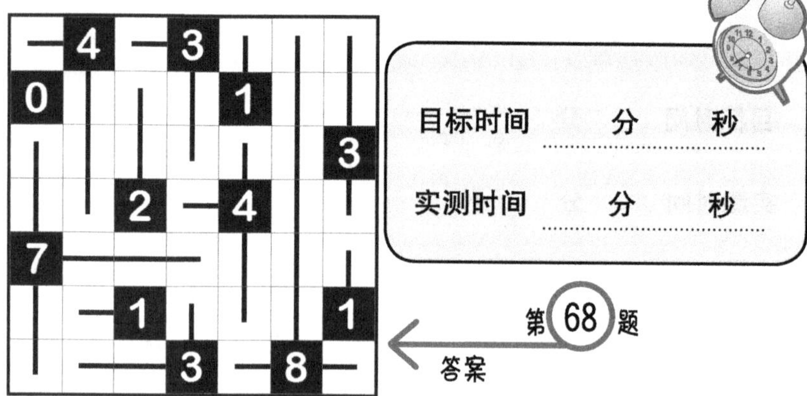

	3					5
				2		
3		6				
	1				2	
				4		2
		3				
5					1	

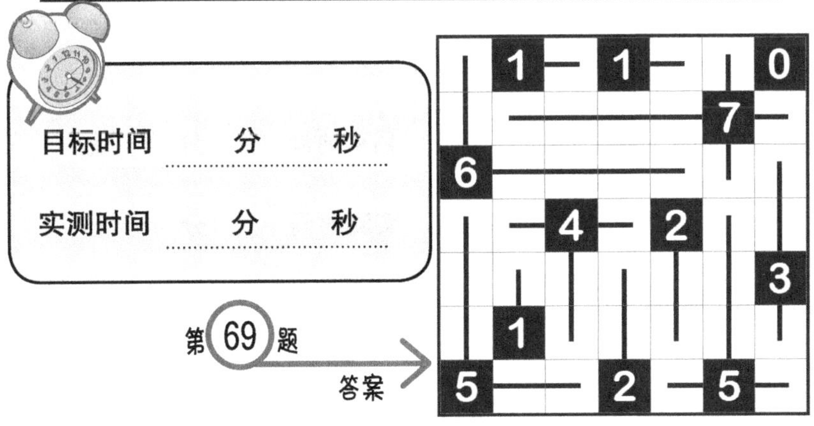

	2				3	
				7		
5						
	1		1		2	
						9
		2				
	2				4	

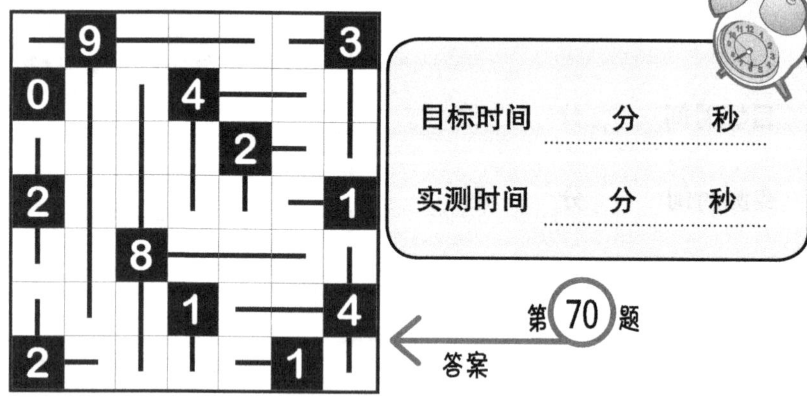

	2				2	
			7			
	6			1		5
3		2			2	
			3			
	2				2	

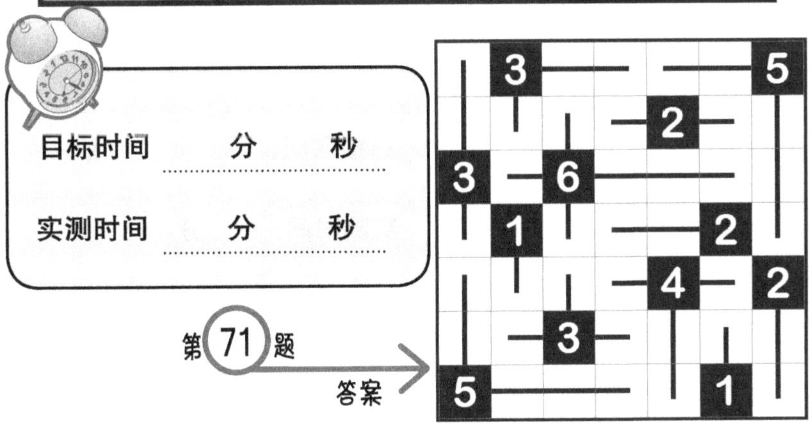

		5			2	
			1			
	4				0	
4						10
	3				3	
			1			
	2			2		

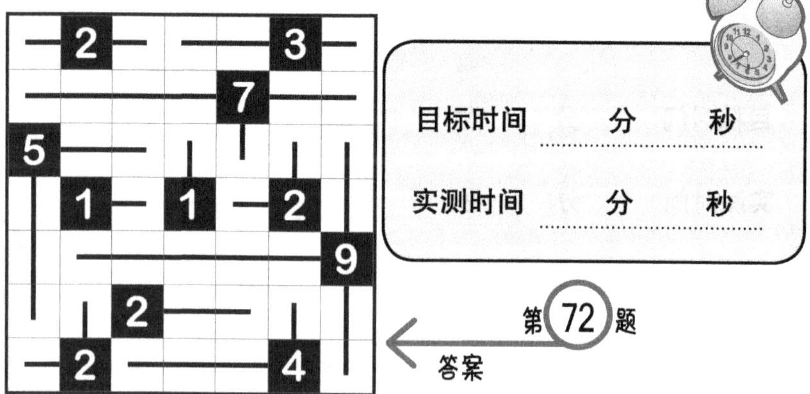

	2			1		
			5			
7						
	2		1		1	
						9
			4			
		3			3	

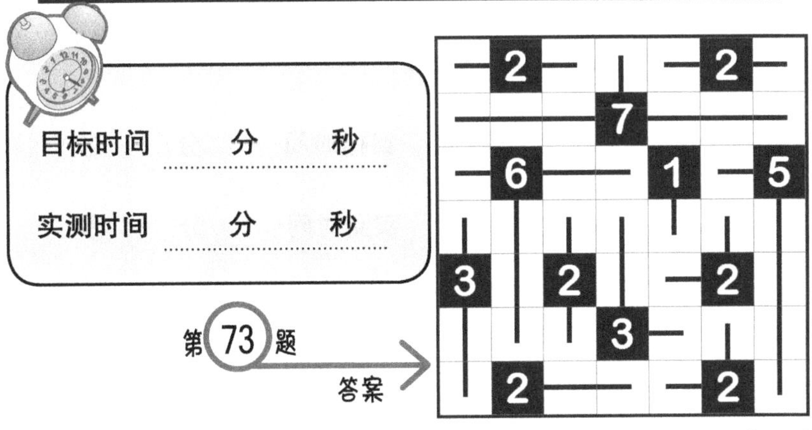

		2				
4					2	
		2				
4		3		4		4
				3		
	4					1
				4		

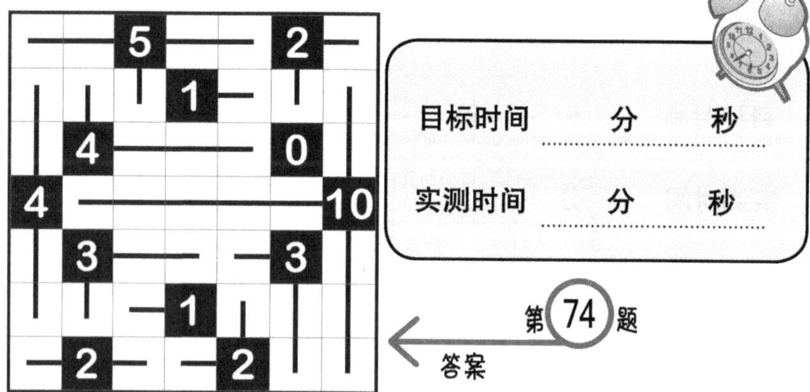

	4				5	
			6			
						1
2		3		3		2
1						
			3			
	3				4	

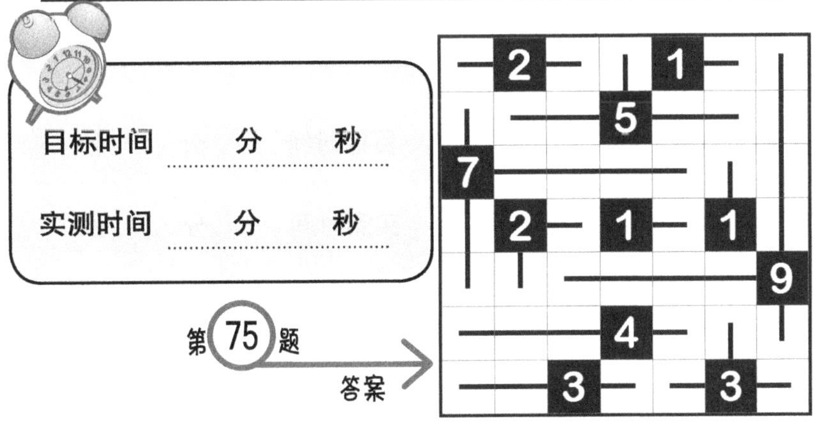

	1					2
			6			
2					6	
			2			
	2					3
			6			
4					4	

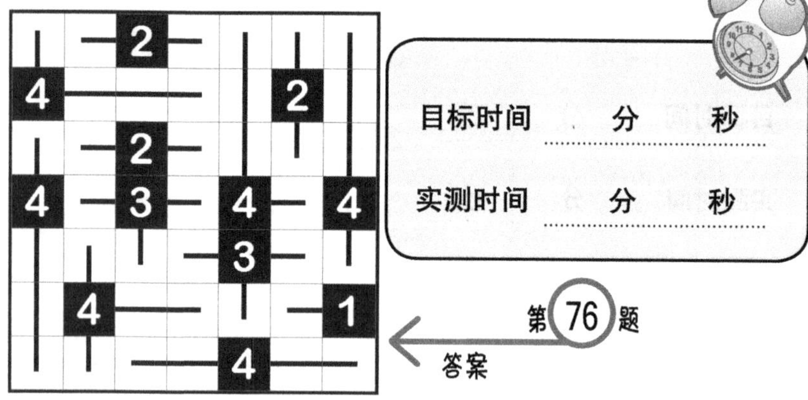

3		3		7		
						2
			1		3	
	4		1			
8						
		2		0		3

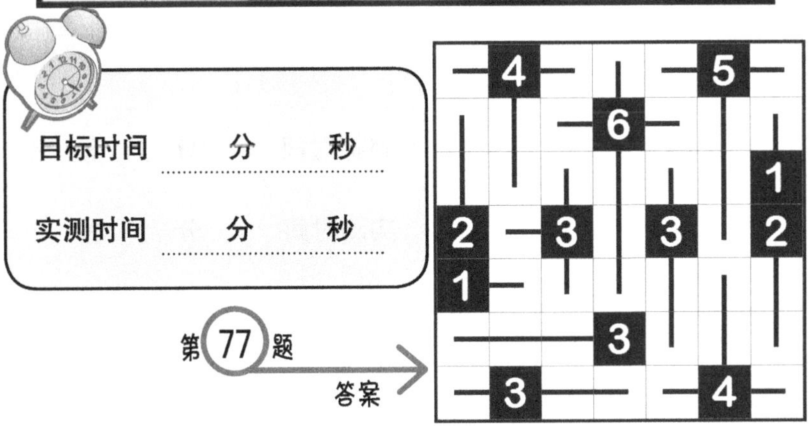

1					5	
		1				
	6					1
		3		2		
2					6	
				2		
	5					3

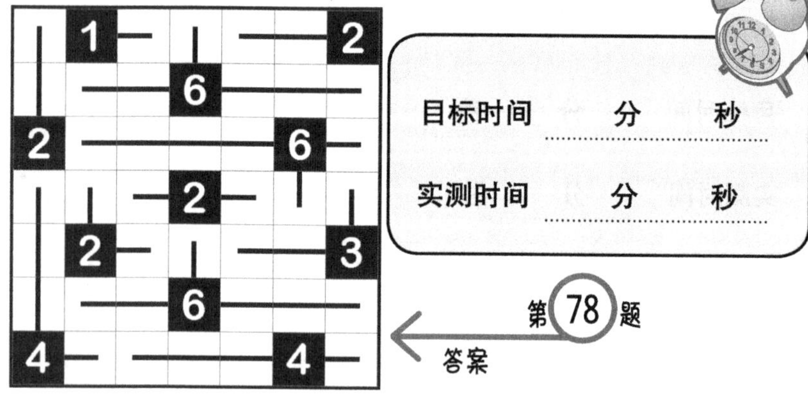

			6			
	2		2			
4						2
		1		6		
5						3
			3		1	
			2			

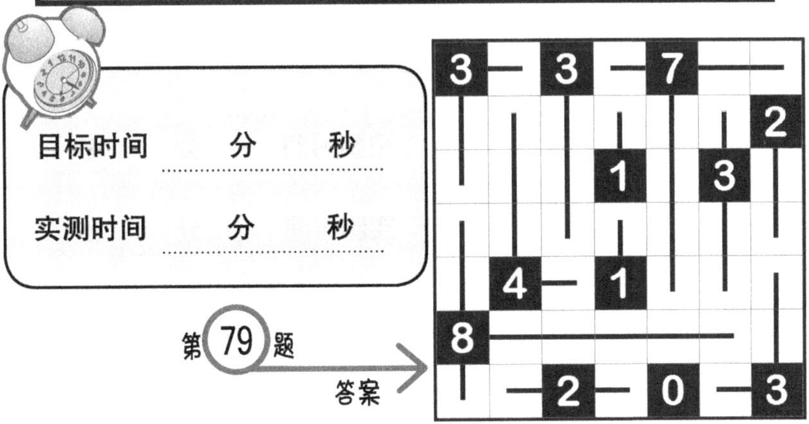

		4				
	2				4	
				6		
4						6
		1				
	2				4	
				6		

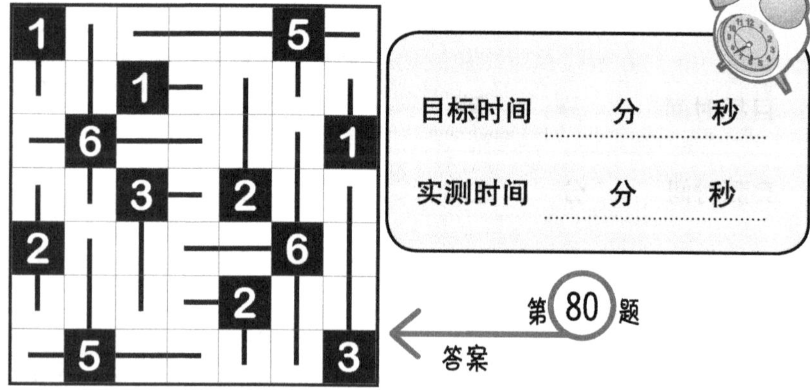

	6				3	
			3			
1						
1		3		1		4
						2
			9			
	2				2	

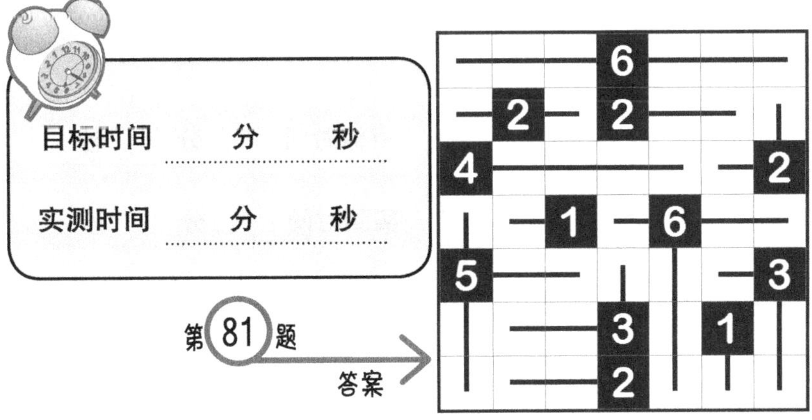

			3			
2	2					4
			4			
	1				2	
			6			
5					2	3
			3			

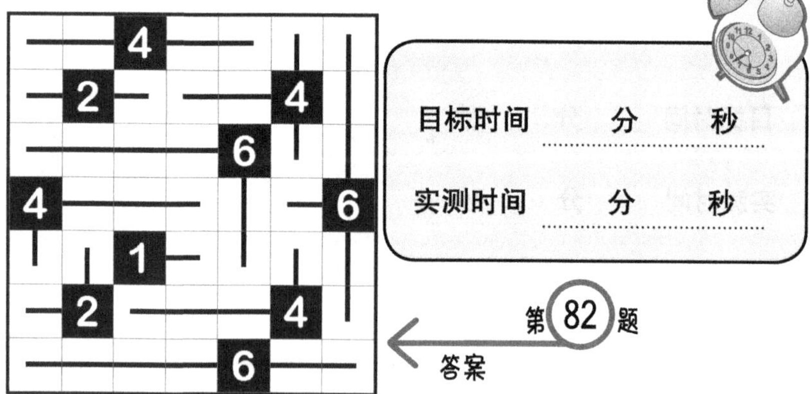

	3			0		
		4		0		
					4	
1						9
	5					
		2		2		
		4			3	

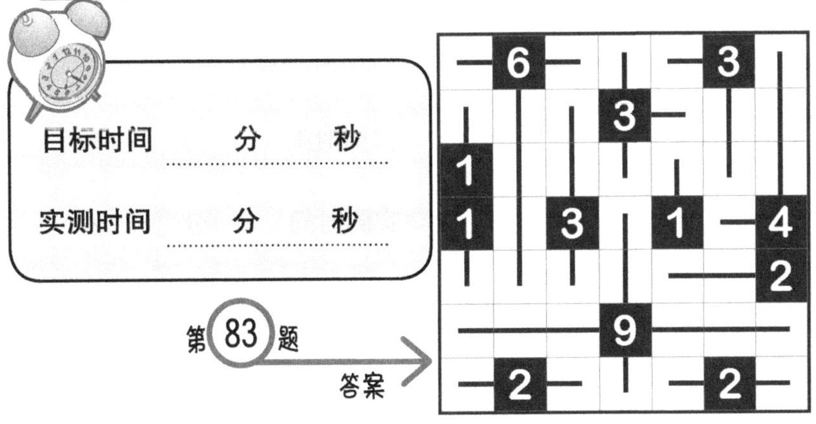

			3		1	
	5					
			2	2		
5						4
		2	3			
					4	
	5		1			

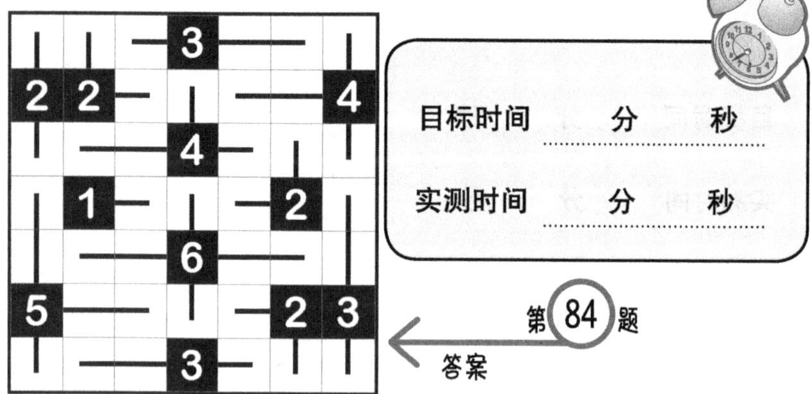

	4		2			
					2	
		1				
5		4		4		5
				4		
	2					
			2		2	

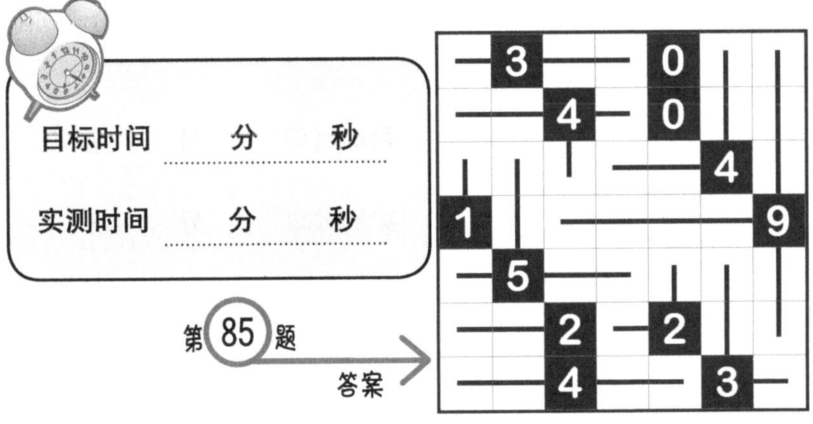

	0		1		1	
			2			
				5		
9						5
		5				
			1			
	1		1		6	

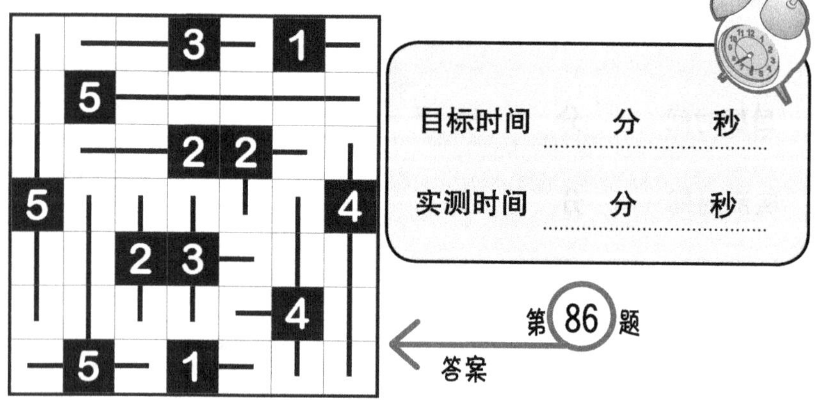

3			0		4	
	4					
			2			
5						4
			3			
					4	
	3		2			3

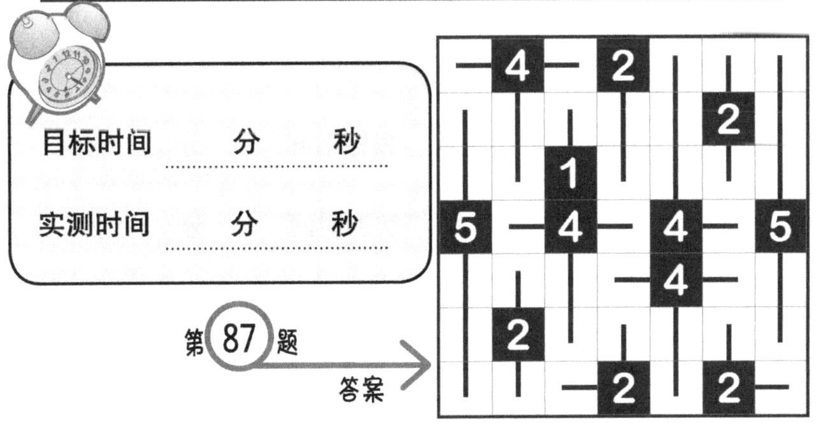

	4				6	
1			5			
						2
		5		2		
1						
			4			4
	2				1	

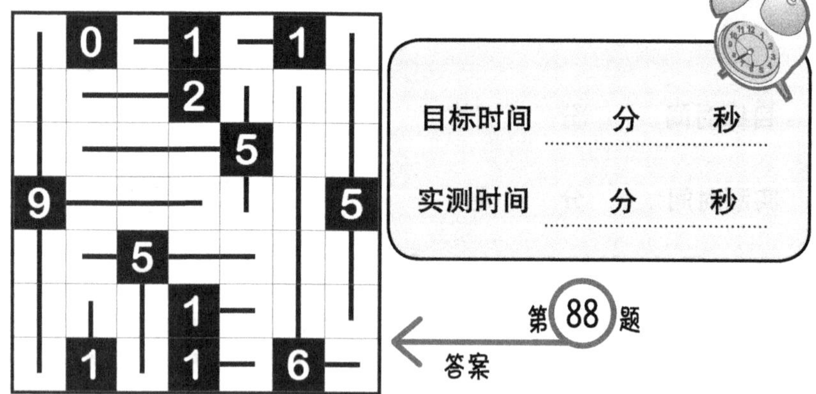

		6				3
	1			2		
					2	
9						3
	3					
		4			2	
1				1		

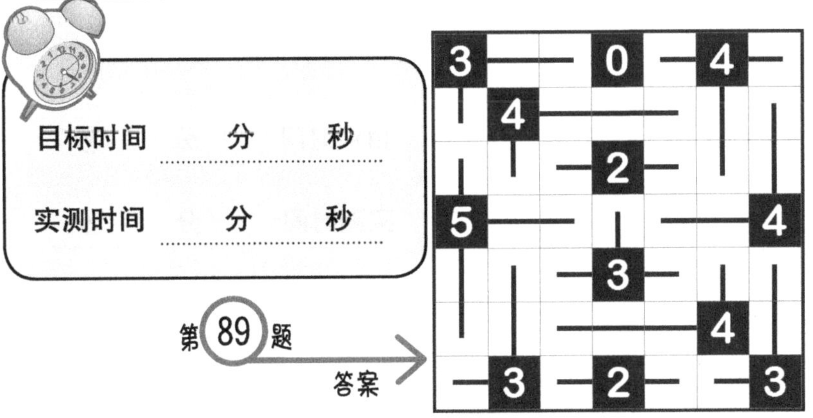

				8		
4			0			3
	2		1			
			2		6	
2			1			1
		7				

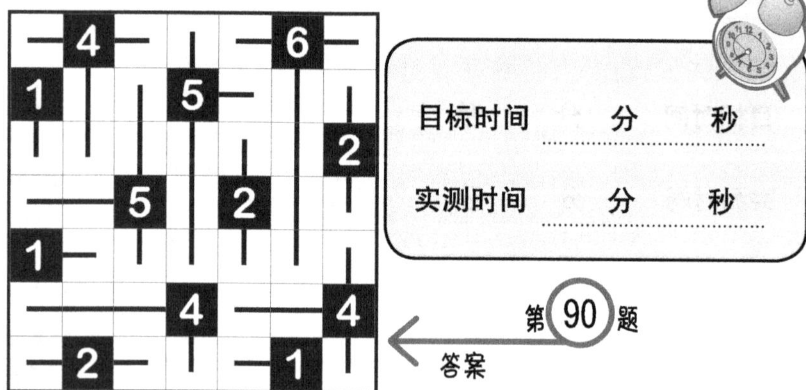

			3			
7						3
		2				
	3				8	
				2		
6						2
			3			

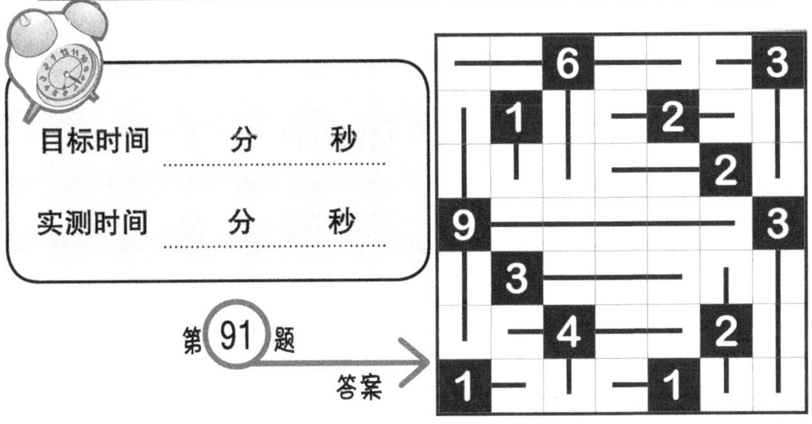

		3			3	
				4		
	3		4			
2						4
			1		1	
		8				
	1			3		

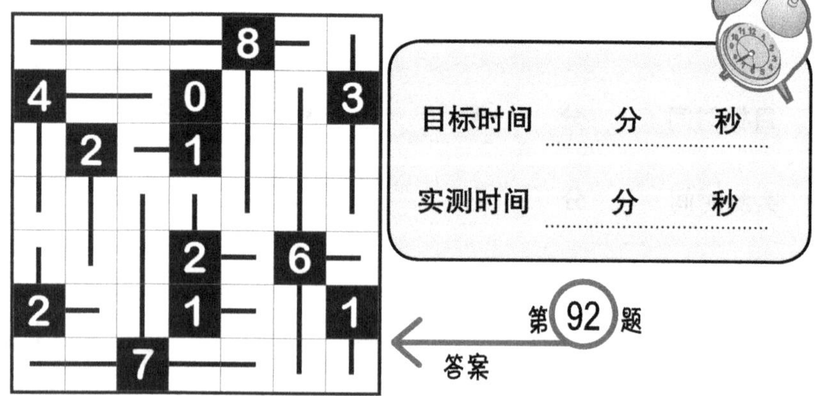

				4		
7						
	4		1	2		
		2	0		5	
						9
		5				

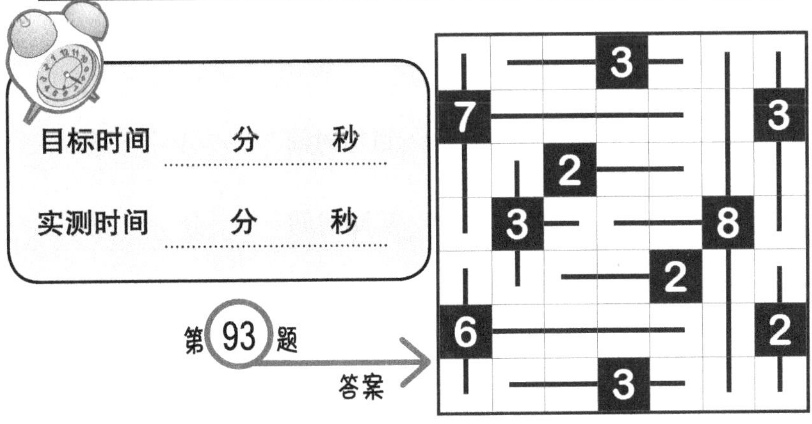

					7	
	3		3			
		1				
3						5
				10		
			3		1	
	3					

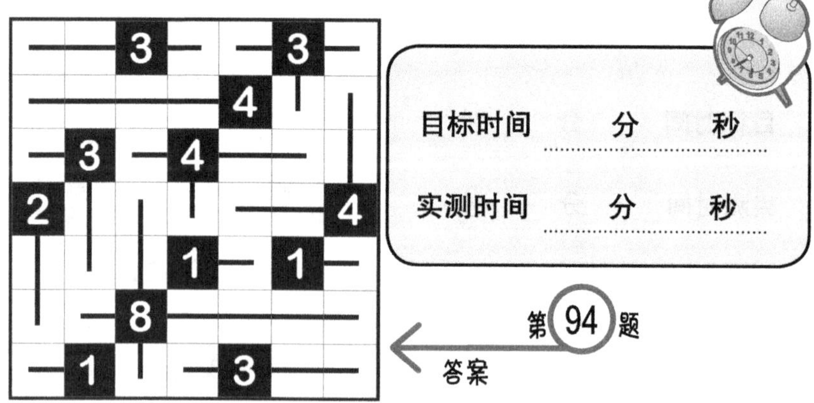

			5		1	
2						
				5		
4						8
		6				
						5
	1		2			

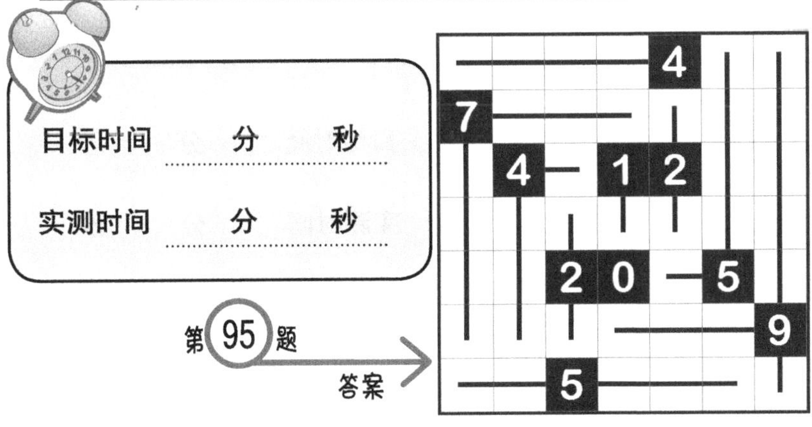

3		5			2	
			5			
	3					2
0					4	
			4			
	2			6		1

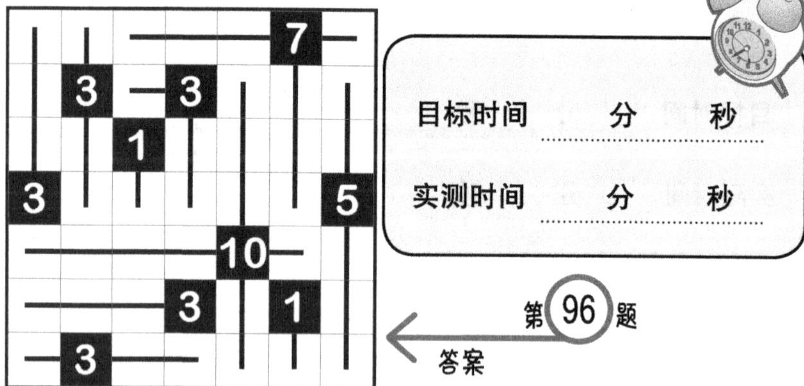

6			4			
					3	
	3			3		
		8			2	
	1					
			2			7

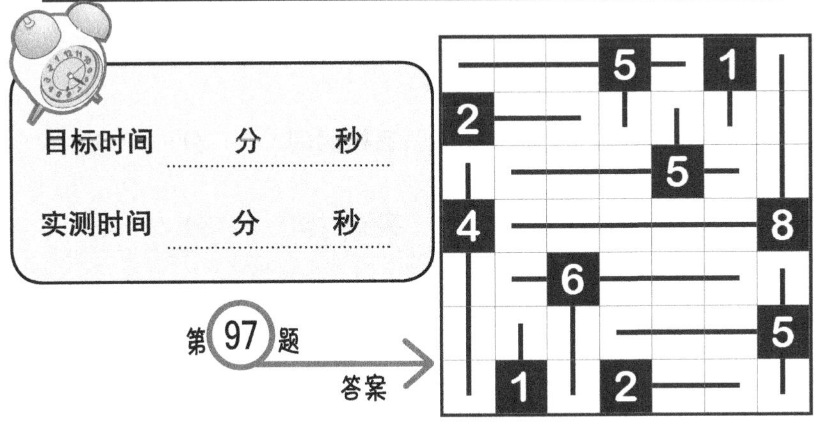

		3				
4					4	
		2		0		
6						5
		0		2		
	3					5
				3		

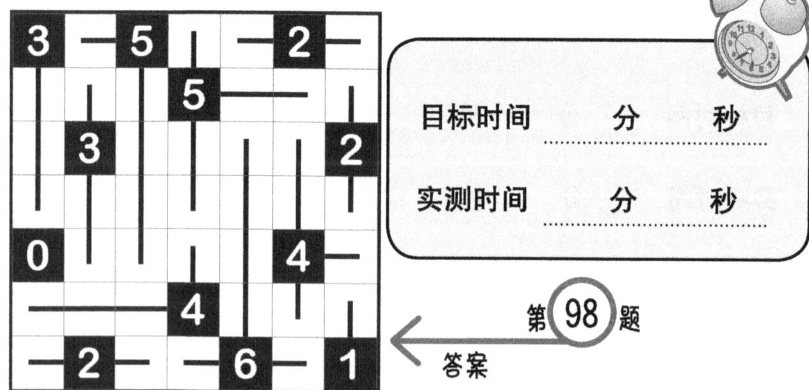

9×9四风练习题和答案

				5				1
2			5			5		
				2				1
	6							1
			1		2			
1							2	
0				7				
		9			2			4
1				4				

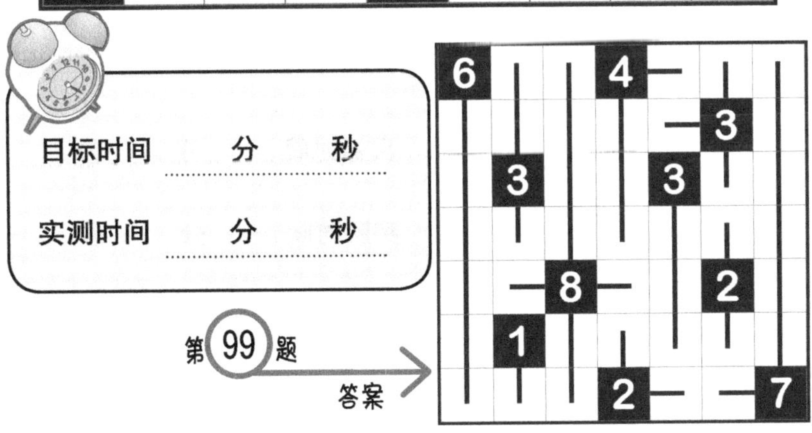

1		1						0
				4	2		4	
3	3		4					
					1			
		3				6		
			4					
					0		2	4
	2		1	2				
4						6		2

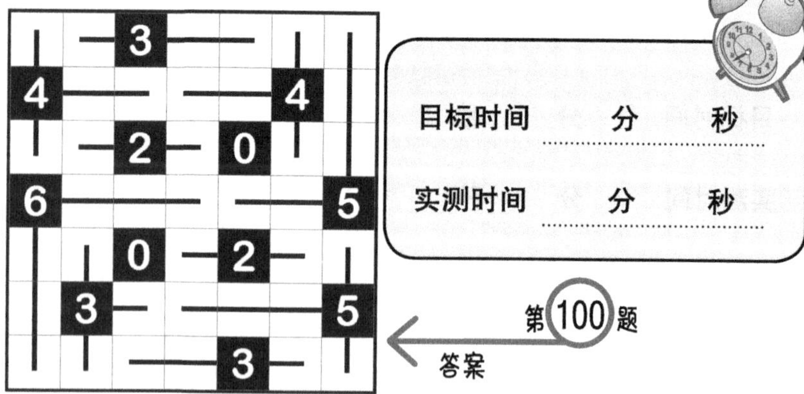

	1		1			6		1
				4				
	1						2	1
			4		1			
6								8
			3		4			
1	2						1	
				6				
2		3			0		1	

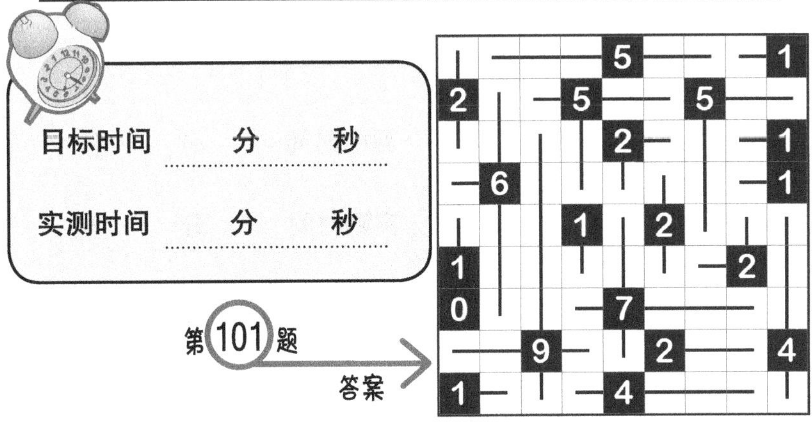

0				2		3		
	4							3
5			1	2		3		
	2		5		1		2	
		6		1	4			4
1							3	
		2		2				3

		3		3			2	
3						4		
3							1	
		3			1			
9								3
			1			6		
	5							1
		3						1
	4			1		4		

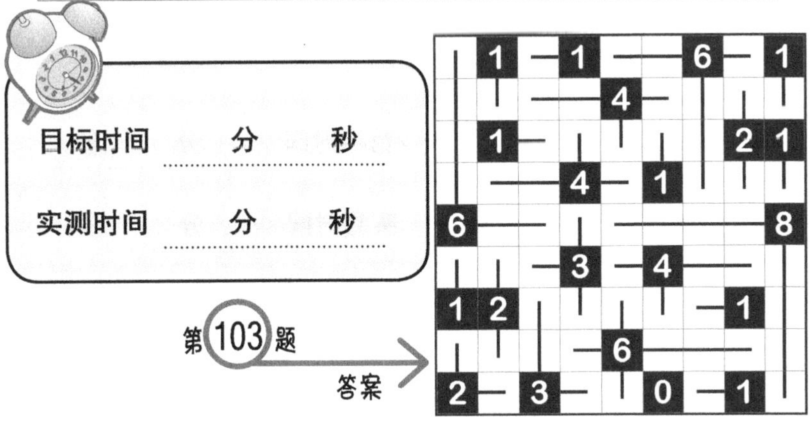

四风

	3			2			3	
		1		4				
5								4
	1		0					
5								2
					9		3	
6								1
				2		4		
	1			2			3	

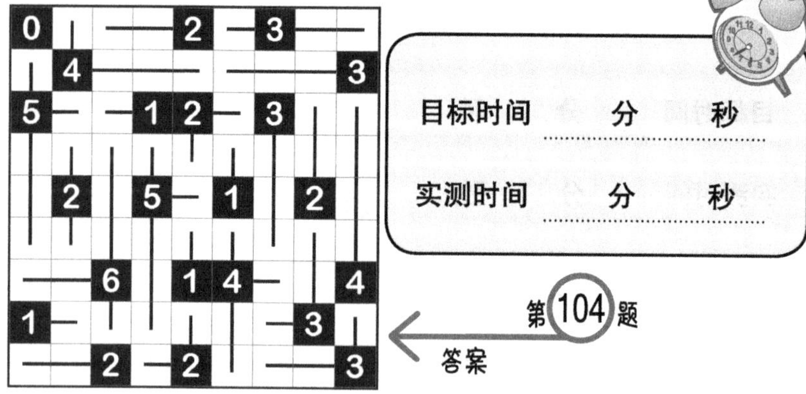

2			1			0		
			2		2			1
	1						9	
2				4				
		10				2		
				4				3
	2						4	
2			1		1			
		3			2			1

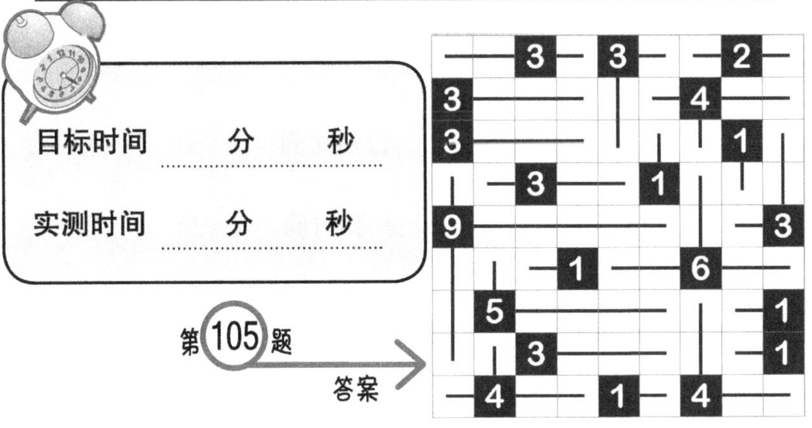

	3			3			4	
		1				1		
1								5
			11		3			
		0				2		
	5						6	
		0				1		
				4				
4		1				1		5

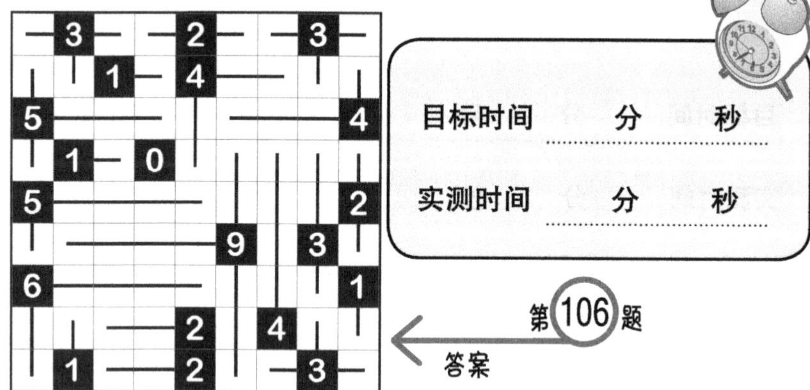

			4				1	
5						6		
		2		1				
					4		4	
4								3
	4		2					
				2		5		
		3						1
	4				8			

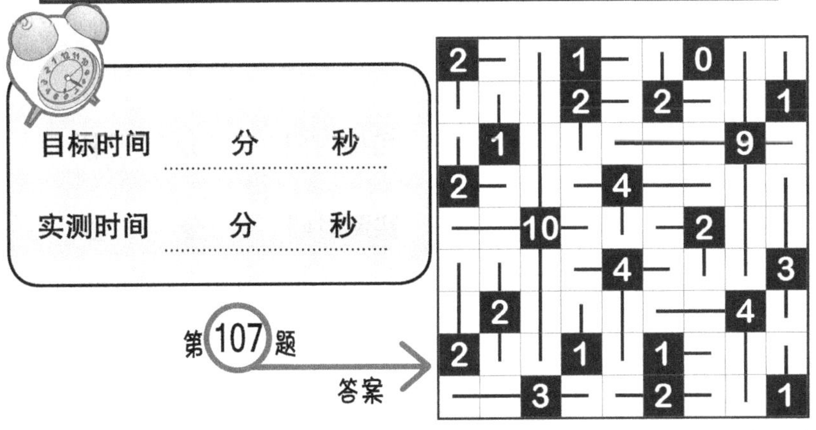

4				3		1		
						6		
			6					
			1		3			5
	7						3	
1			2		1			
					2			
		9						
		3		2				4

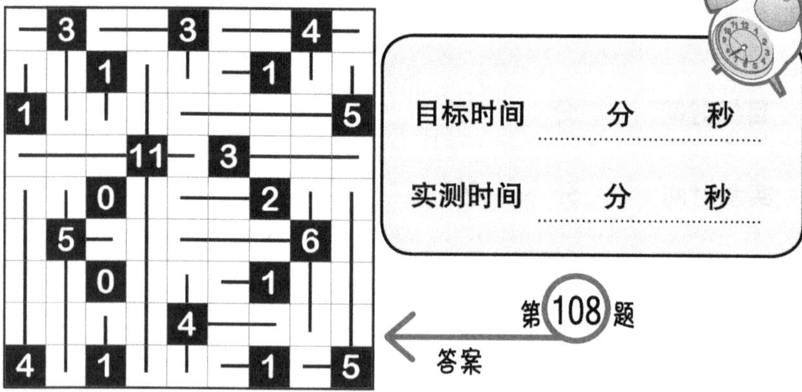

2				4		4		1
			5					
	1	3					2	
2					5			
			5					2
	5					6	5	
					6			
0		1		1				1

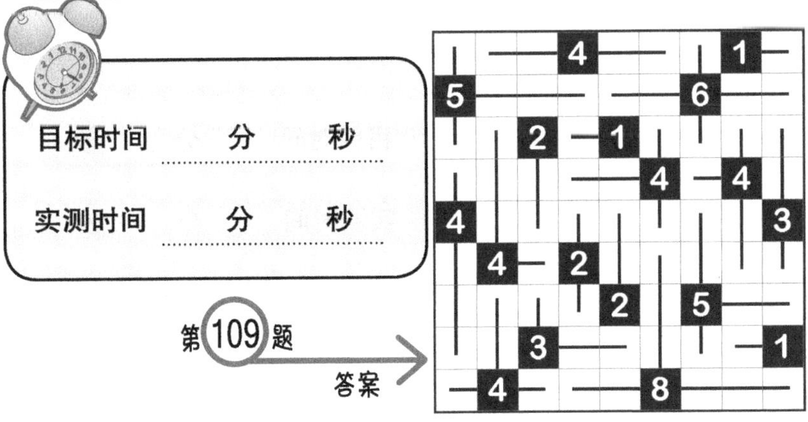

					8			
4								3
	6							1
				4		1		
2		2				3		2
		0		2				
3							8	
7								2
			5					

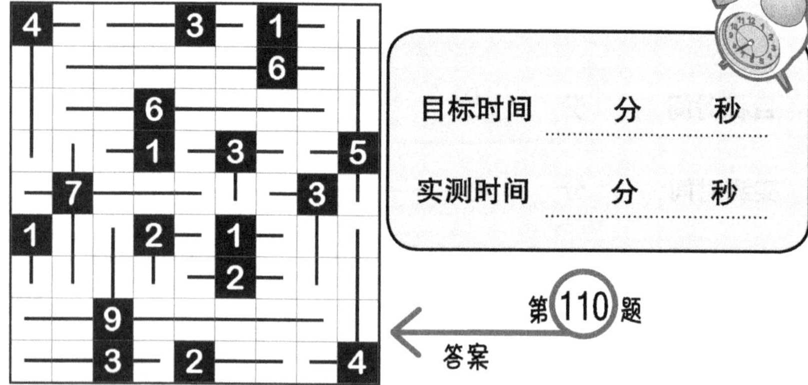

				6				
4							2	
		2		4				
3			1			2		
	0							8
3			1			2		
		4		7				
4							3	
				7				

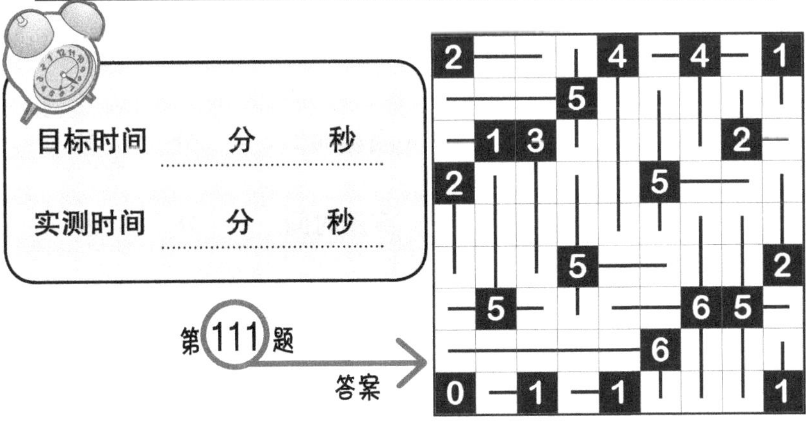

			3		1		0	
	4							
						3		3
		1		6				
11							7	
		4		4				
						5		2
	3							
			2		2		2	

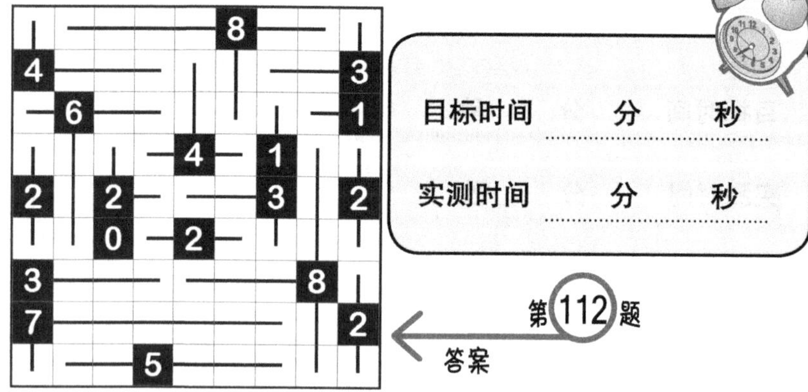

1					1			1
						5		
	5			2				1
3								
		5	6		3	2		
								1
1				6			7	
		5						
0			5					1

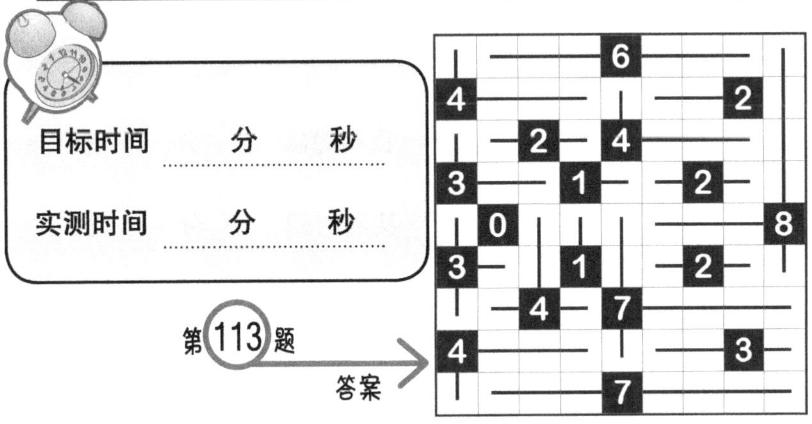

第116题

2			1		0	1		5
			6					
2				1	2			
							4	
		5				3		
	10							
			2	1				4
					2			
2		2	0		2			2

目标时间　　分　　秒

实测时间　　分　　秒

第114题 答案

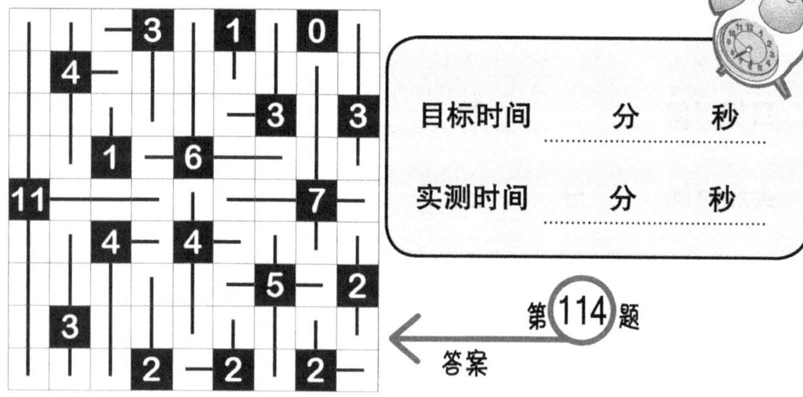

				1		3		
				1				
2		3			5			
	4						5	3
			6		1			
3	2						7	
			2			2		1
				1				
		5		4				

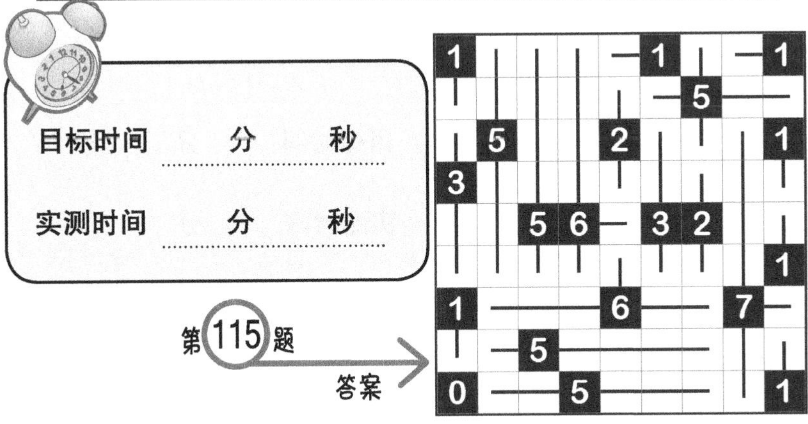

第118题

		4					5	
1	2			2				
			5			1		
	0			0			3	
6								8
	0			3			1	
		0			6			
				3			3	1
	5					0		

目标时间　　分　　秒

实测时间　　分　　秒

第116题 答案

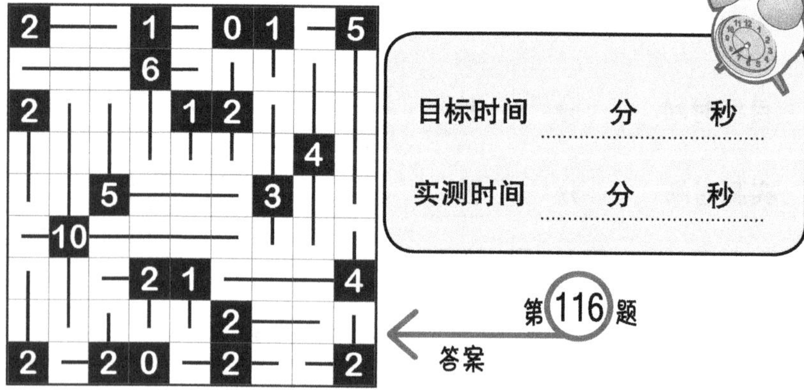

	2					3		2
				8				
4					3			
			4					2
2								3
2					5			
			2					3
				9				
3		3					3	

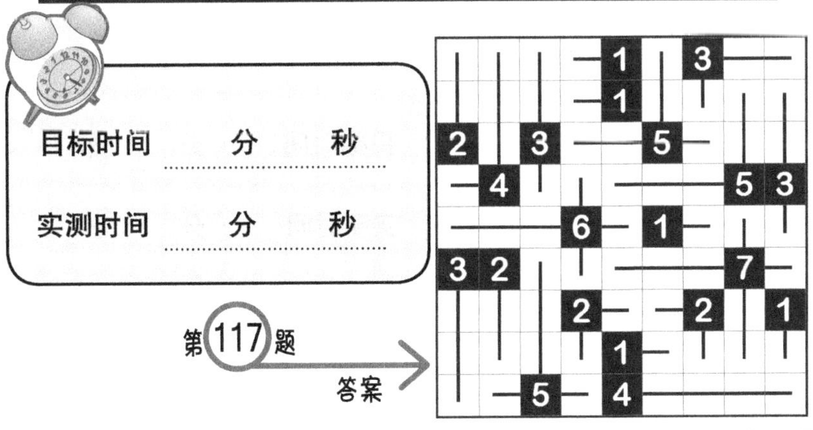

3						3		
			5					4
	2			1		2		
0		2					1	
			8		1			
	2					7		3
		2		0			1	
1					2			
		5						4

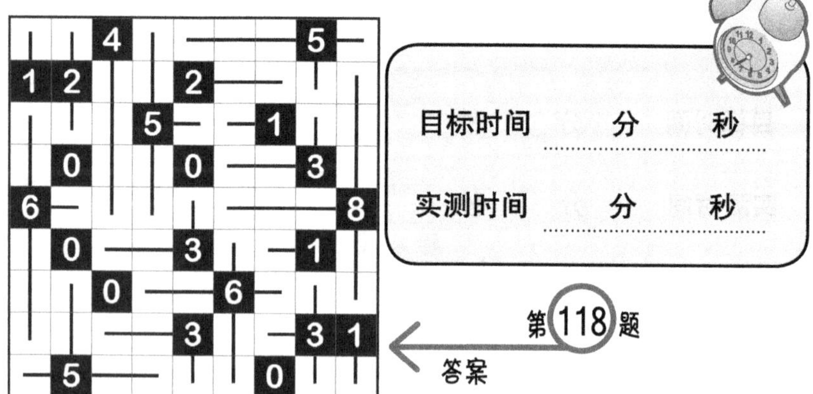

	2			7		3		
			0					2
1		4				0		
					4			0
	2						4	
4			2					
		5				7		3
1					2			
		2		3			1	

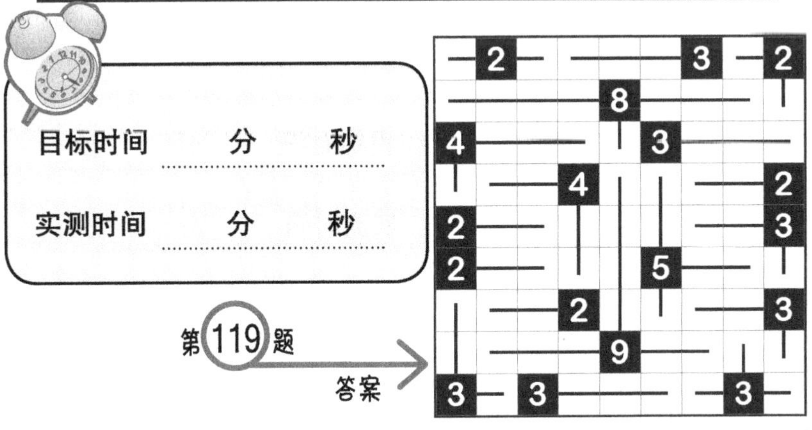

四 风

	0							5
		3		1		2		
8						4		2
		4		1				
	1						5	
				2		1		
1		1						5
		1		3		0		
5							4	

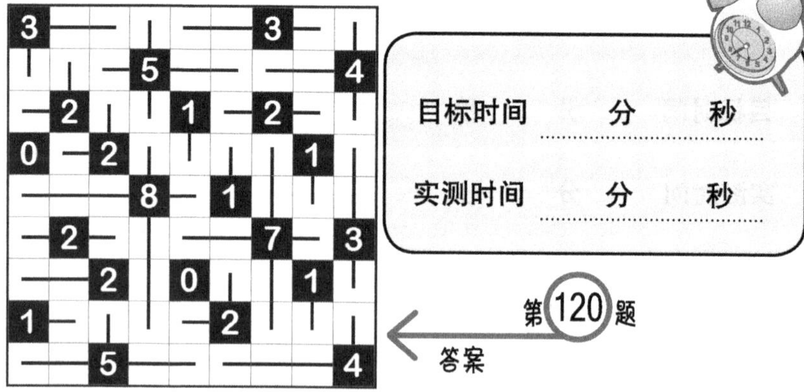

	5					1		
		7		4				1
2						5	5	
			1					
1			1		1			2
					1			
	5	1						1
2				3		2		
		3					5	

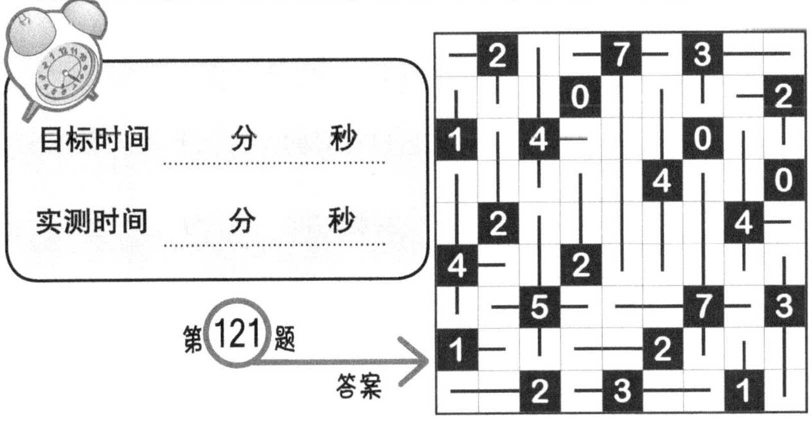

1			0		6			
		3					1	
5				2				
	4			1				2
		3				3		
3				1			7	
				1				1
	5					1		
			1		6			2

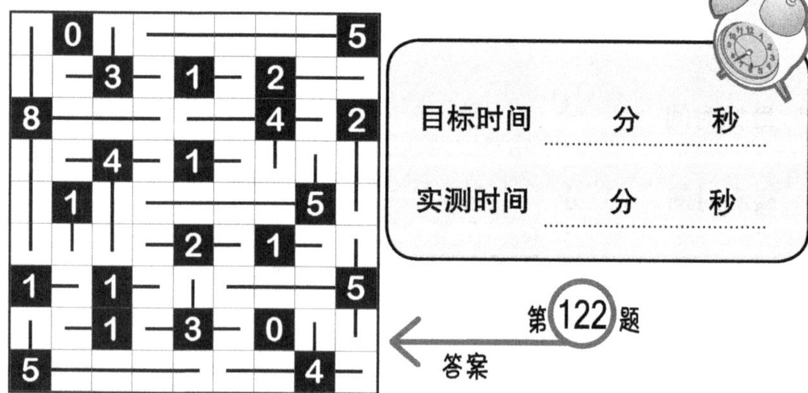

			4		5			
		1				3		
2				4				3
5								3
			5		3			
	1						2	
				4				
5								2
		2		2		6		

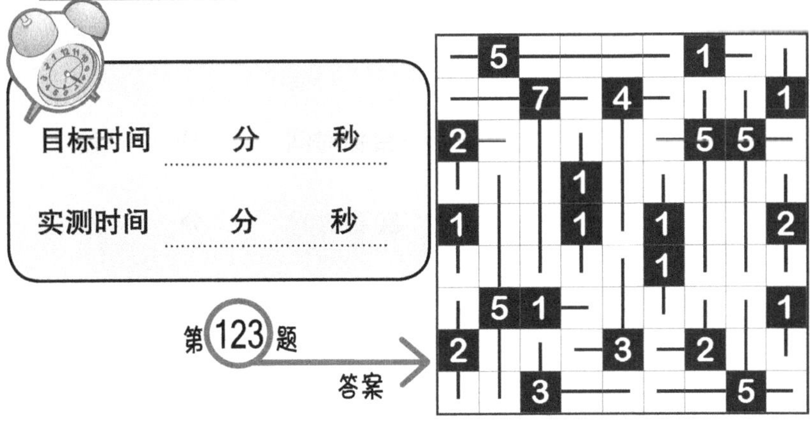

第126题

				8				0
2		2			1		4	
								1
			3	2		1		
	5						7	
		1		1	2			
1								
	3		5			4		3
0				3				

第124题 答案

目标时间 分 秒

实测时间 分 秒

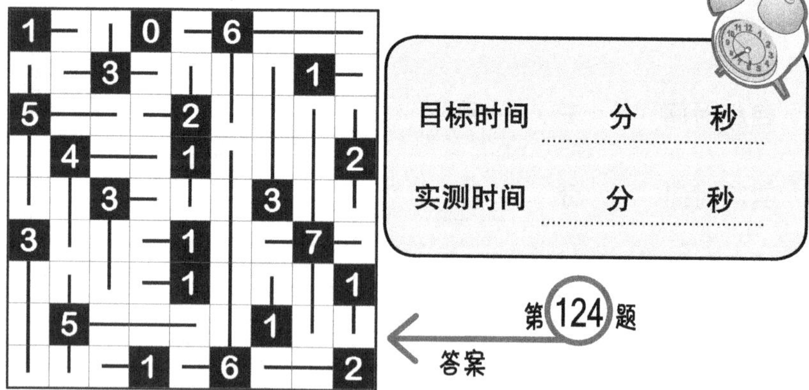

	2			2		2		
			8					4
4		2						
				2	3		4	
	2							
				2	0		3	
2		3						
			5					1
	2			0		7		

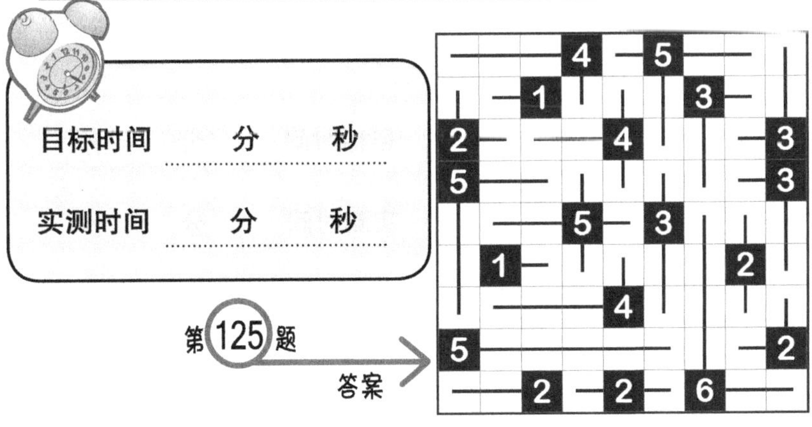

			6		0		2	
	1						3	
				2				
1		3		1				3
	7						0	
1				3		5		4
				2				
	6						1	
	1		2		5			

			3			2	3	
2					3			
			5					2
	5			0		2		
2								5
		1		2			2	
2					1			
			6					4
	4	0			3			

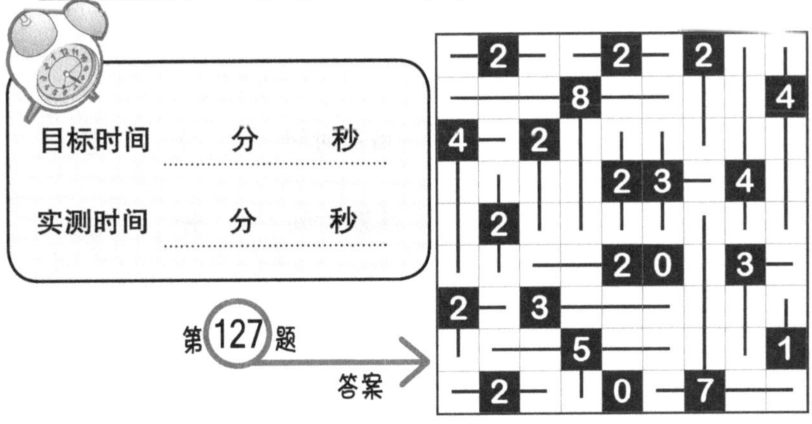

		1		3				2
							5	
	5					1		
				3				7
	0	1				3	1	
10				3				
		1					3	
	5							
3				1		3		

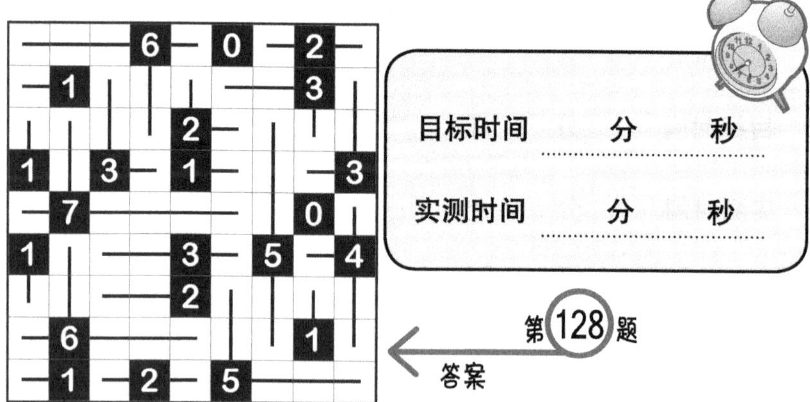

1				1		2		
		2						2
5			5					
			2		3		5	
	2						8	
	1		3		1			
					6			1
5						1		
		2		0				1

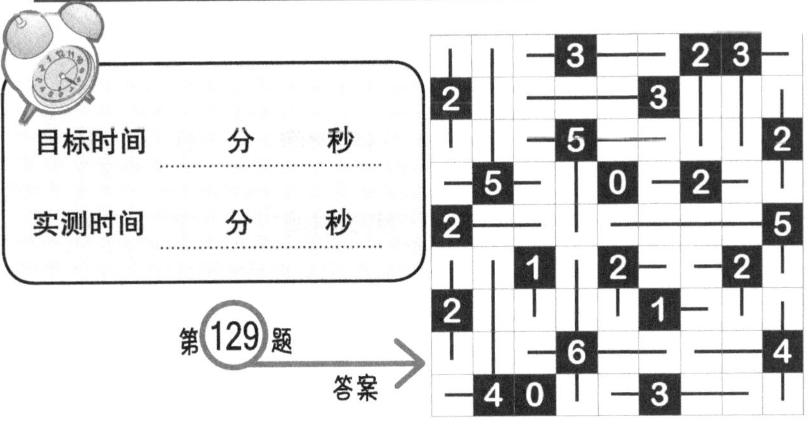

四 风

	6							2
		1	3		3			
3								4
		0		3		1		
4								5
		3		1		1		
2								4
			5		2	0		
2							4	

						3		
		5					4	
2				1		3		2
	9							
1			1		1			2
							7	
0		3		1				3
	2					6		
		5						

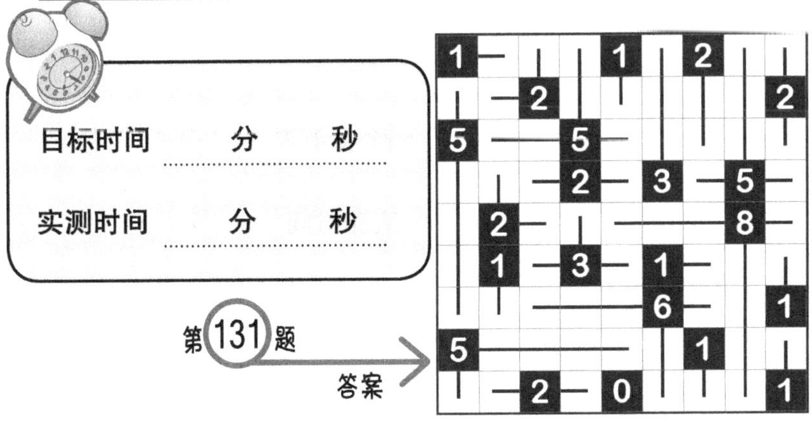

0			3				4	
	0				2			
		3					4	
3					2			
2								7
			10					3
	2					2		
			4				3	
	3				1			3

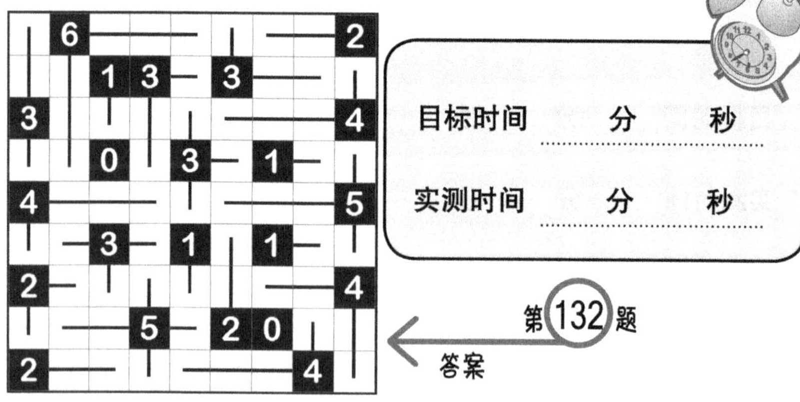

		3		1		2		
				7				
3	3							2
					4			
			6		1			
			5					
4							8	3
				4				
		2		1		4		

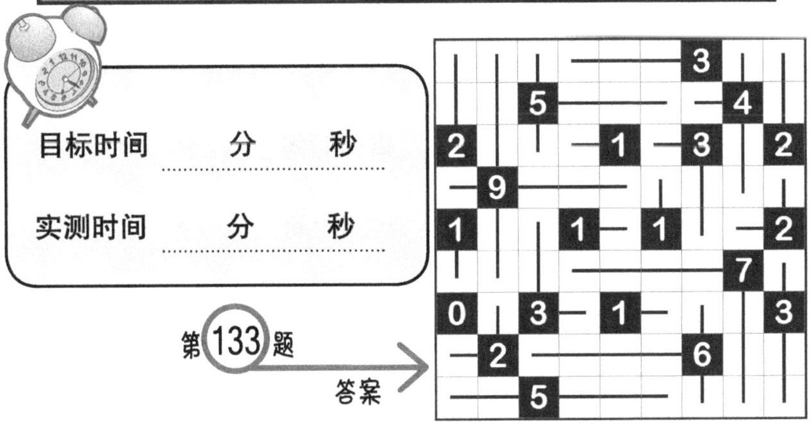

四　风

第136题

	3						1	
3		1	2					4
					4			
			3	7				
	3						2	
				3	4			
			6					
4					4	0		3
	3						1	

目标时间　　分　　秒

实测时间　　分　　秒

第134题 答案

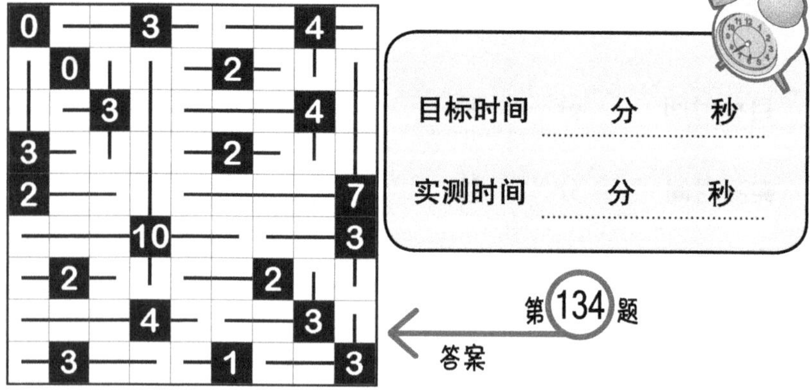

	4			3		5		
		1		4				3
					0			
3		1					3	
			2		2			
	3					3		2
			7					
2				3		1		
		1		2			4	

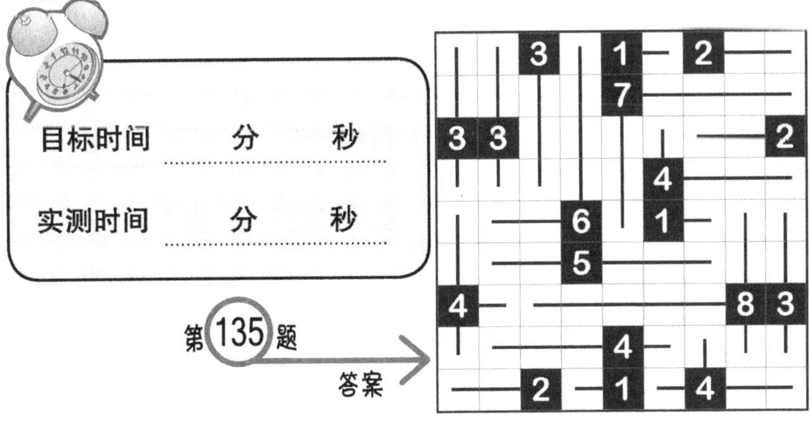

第138题

		3				4		
1				1				2
	4					3		
			7					4
		4				2		
3					1			
		7					4	
1				2				1
		3				4		

目标时间 分 秒

实测时间 分 秒

第136题 答案

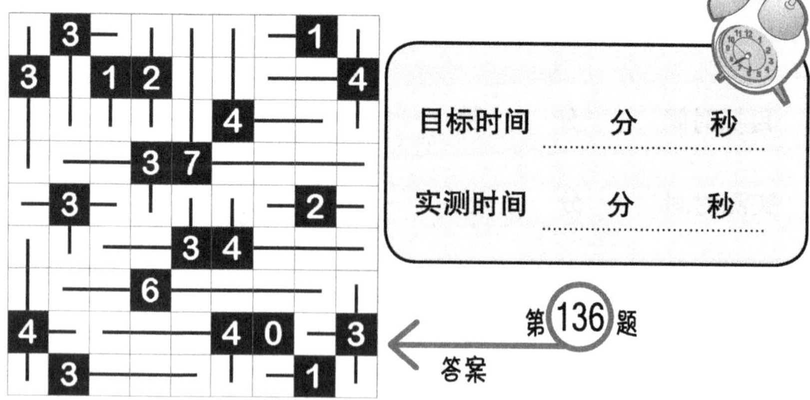

	5					1		
			4	3		4		1
0								
		2			2		2	2
3	7		5			2		
								7
1		1		1	1			
		4					1	

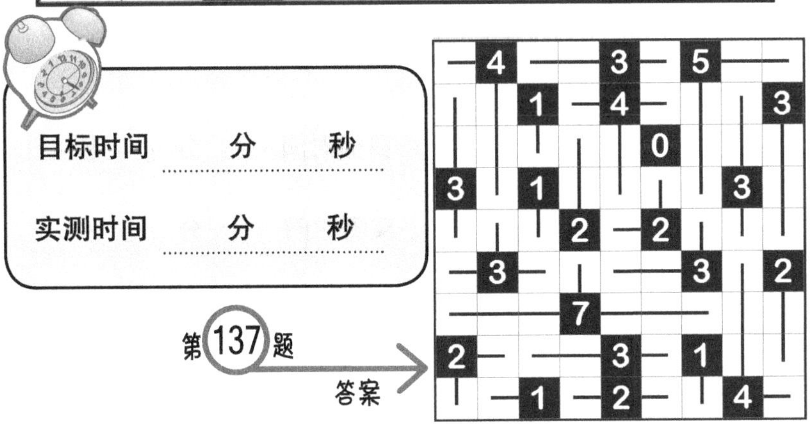

1		3		2				
					3		4	
	4							3
				3				
4		1				6		2
				4				
3							7	
	2		2					
				3		1		3

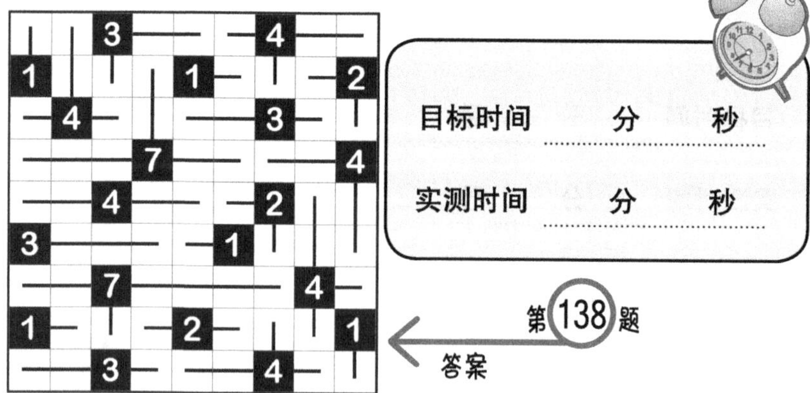

3		4			4			
								1
				2		8		
2	3						2	
			4		2			
	4						2	1
		1		3				
7								
			2			3		3

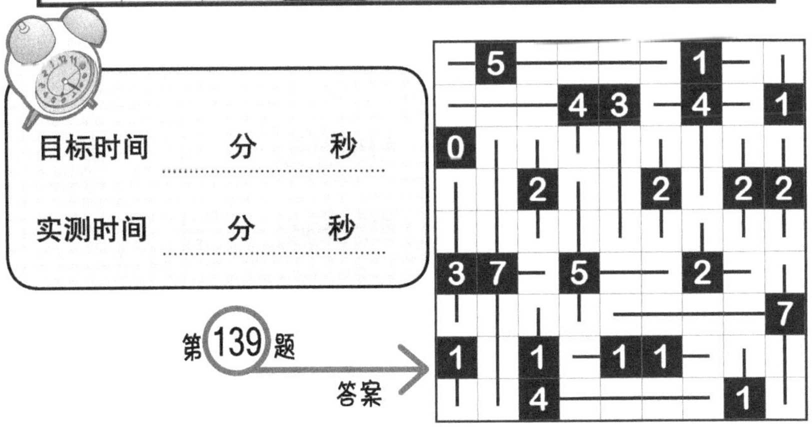

四 风

		6			2		1	
2						1		2
			4					
				5				4
	5	1				2	3	
1				1				
					7			
1		5						3
	1		1			1		

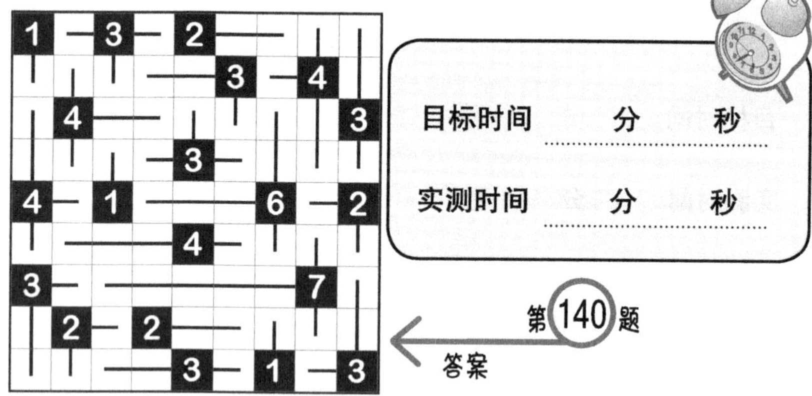

	0		5					
3						1		2
				2				
2	2		2			4	5	
	3	5			1		1	2
				5				
3		5						1
					3		2	

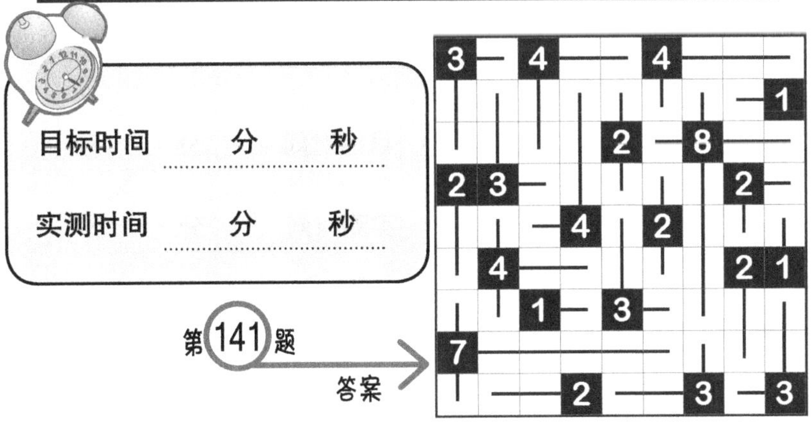

第144题

			6					
		4		1		3		2
2								
				0	2		8	
2								1
	8		1	2				
								0
1		1		1		5		
					11			

目标时间　　分　　秒

实测时间　　分　　秒

第142题 答案

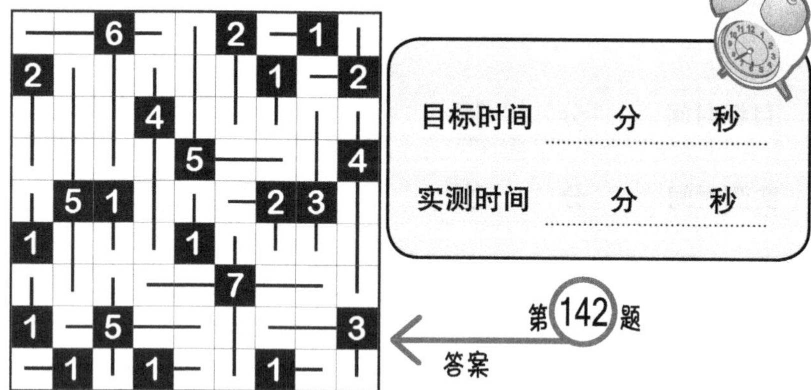

		5					3	
		3						0
3					6		3	
				4				
1		2				3		3
				3				
	5		2					3
0						6		
	5					1		

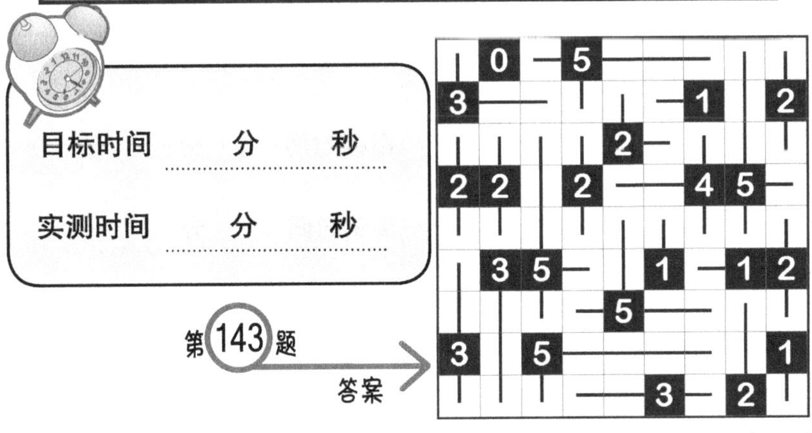

第146题

				2		3		
2	7						2	0
			1					
1					3			1
		7				6		
3			2					1
					4			
1	2						3	1
		0		7				

目标时间　　　　分　　　　秒

实测时间　　　　分　　　　秒

第144题 答案

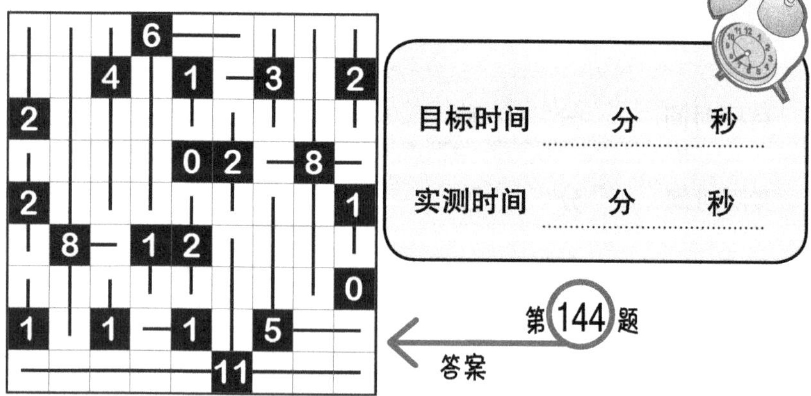

			2		3			
	4				2			1
		2						1
	0		1			6		
9								5
		2			1		1	
2						7		
1			3				2	
			2		2			

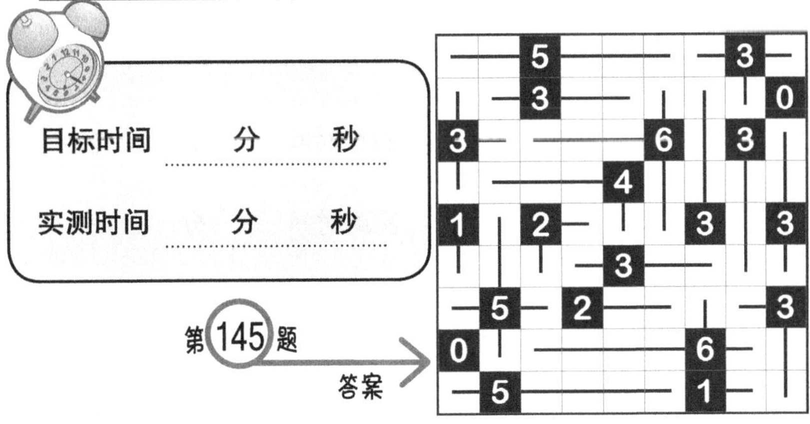

	1				3			
			9				1	
5		1		3				5
						1		
	1			2			2	
		5						
5				2		1		1
	4				2			
			2				4	

	1		0		2			
	7						2	
4					2			
			5					3
		8						
			5					5
7					1			
	5						1	
	0		2		2			

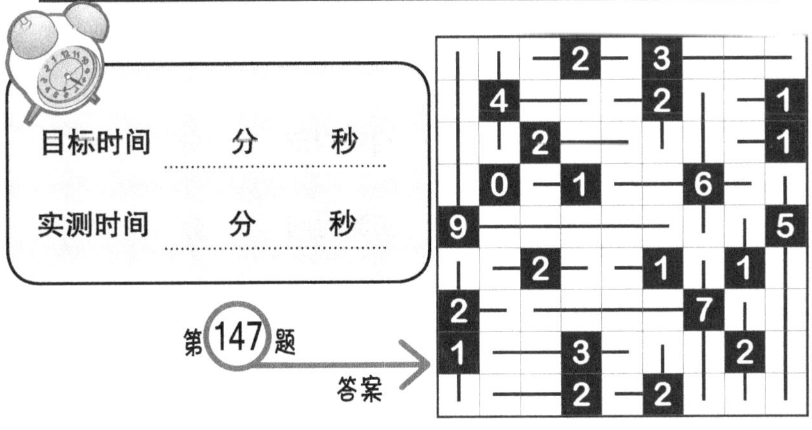

第150题

			2				3	
		2					2	
3		1		8				
2								4
			3		3			
6								2
				2		2		1
	5					2		
	3				5			

目标时间 分 秒

实测时间 分 秒

第148题 答案

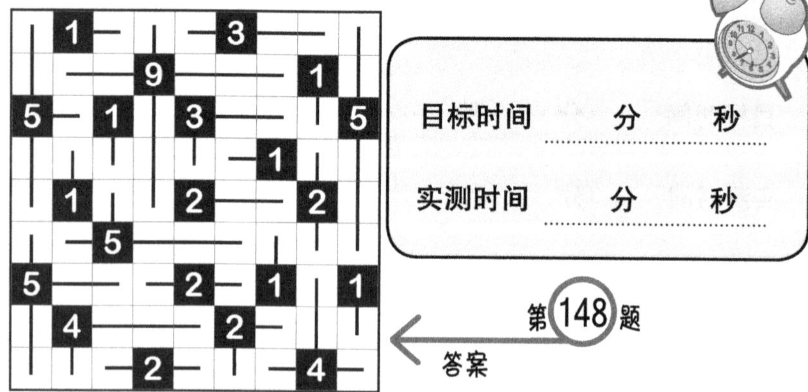

0		9						
					4			
4								2
	4	0			2	2		
				2				
		2	4			2	3	
1								5
			8					
						6		2

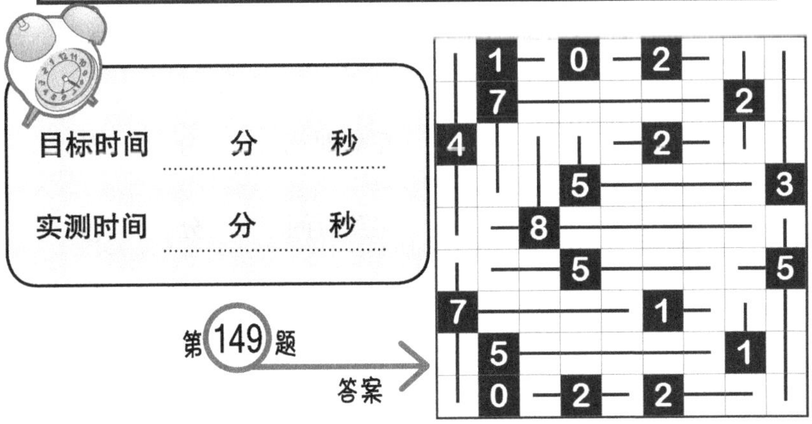

0			6		7			0
		4				2		
	1			3			3	
5								3
		3				5		
				1				
	2	3				0	4	
			4		5			

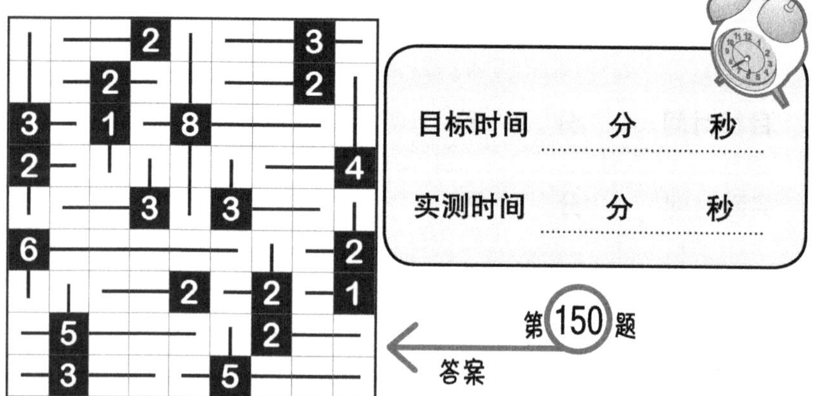

第153题

1		3					1	
					4			
2		6					2	3
					5			
	4		1		4		5	
			1					
2	3					2		1
			2					
	5					0		2

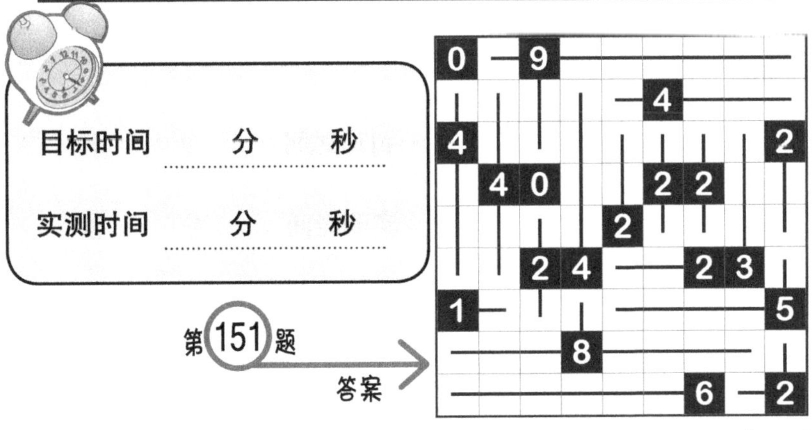

							8	
				3		0		
3	6					5		2
			2		0			
2								2
			3		2			
4		0					1	2
		0		8				
	8							

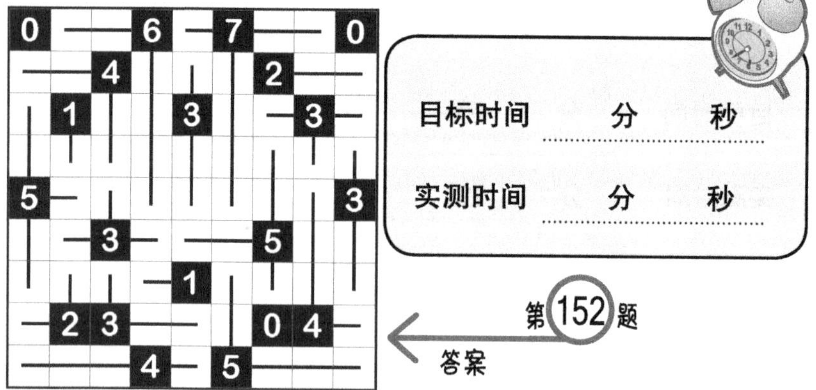

4					4		1	
		2			2			
	4		5					
						7		
				3				
		3						
					10		2	
			4			1		
	1		2					9

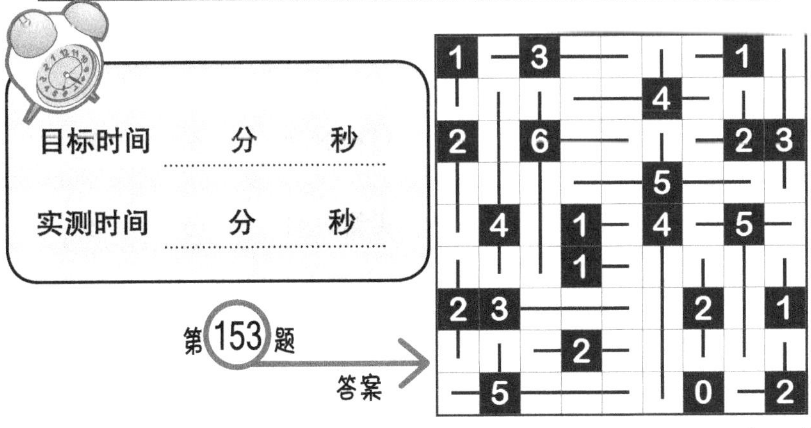

				3		0		
						5		3
2				3				
0							8	
	10						5	
	7							0
				3				2
2		6						
		2		2				

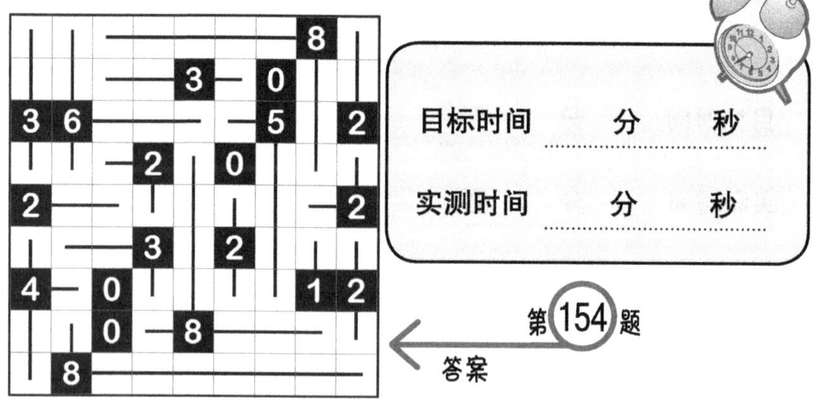

		3	5		6			
2								1
		2		3		2		
							4	
0								1
	10							
		3		1		4		
3								4
			1		5	1		

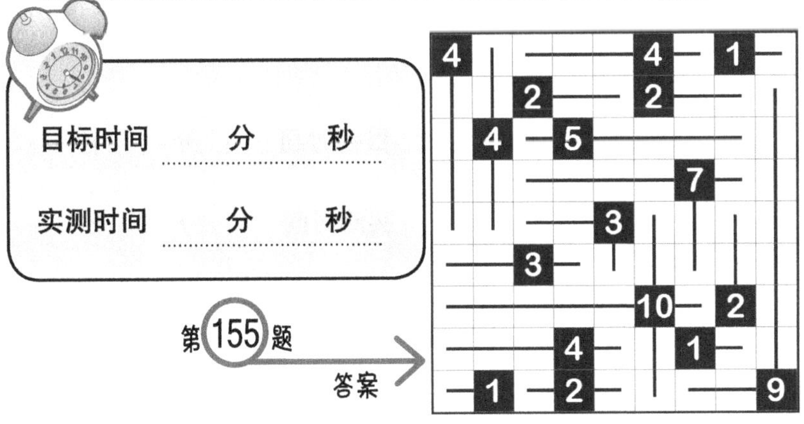

	3		5					4
5						3		
		1				5		
			5					
	4						8	
					5			
		2				1		
		2						2
3					4		1	

3			3					
		3					6	
					4			4
0				4				
		4				5		
				4				0
4			5					
	5					5		
					3			1

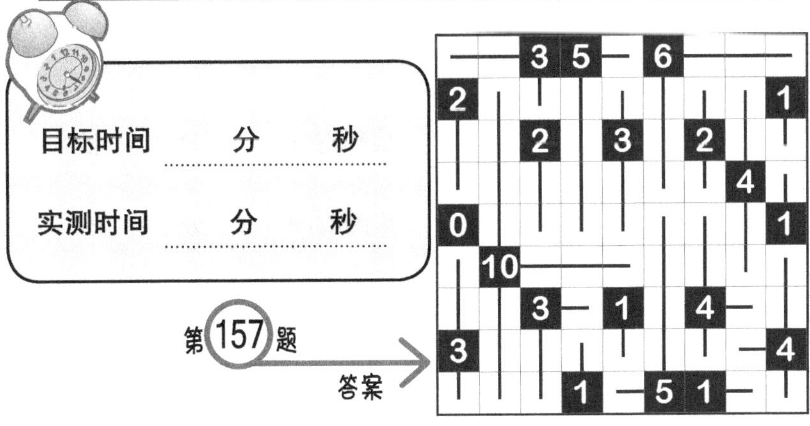

第160题

0		6						4
				2	2			
2							6	
			5					
	9			3				
			4					
1							3	
				2	1			
2		5						6

目标时间　　　分　　　秒

实测时间　　　分　　　秒

第158题答案

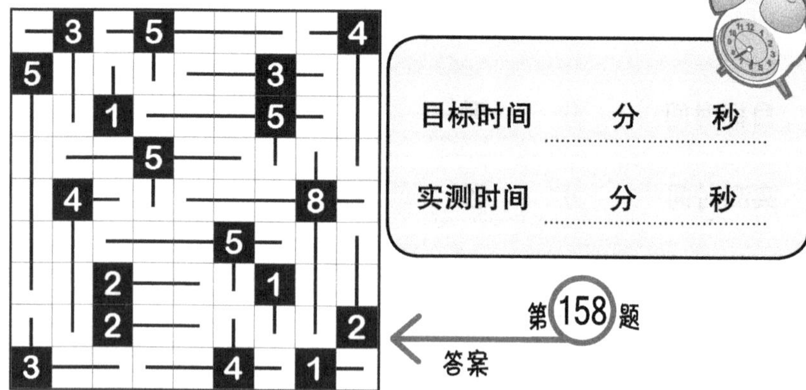

第161题

	1			1		3		3
		7						
2				3				
		2					4	
3				2				4
	2					4		
				3				2
						10		
0		1		2			1	

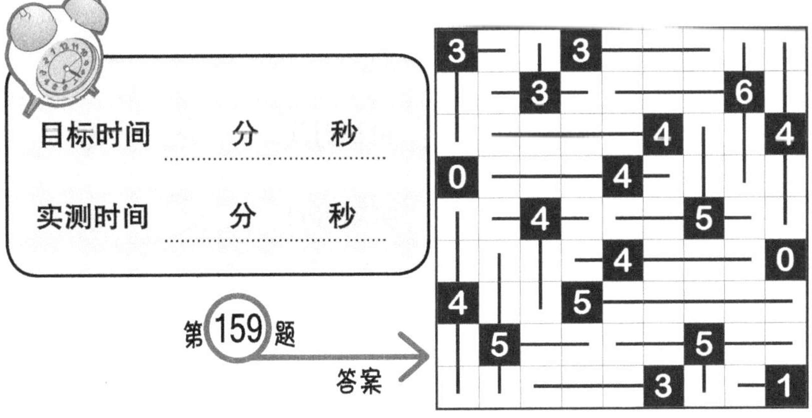

	2				2			3
	4		4		5			
							3	
1				1				
		6				1		
				4				8
	6							
			3		1		1	
2			2				2	

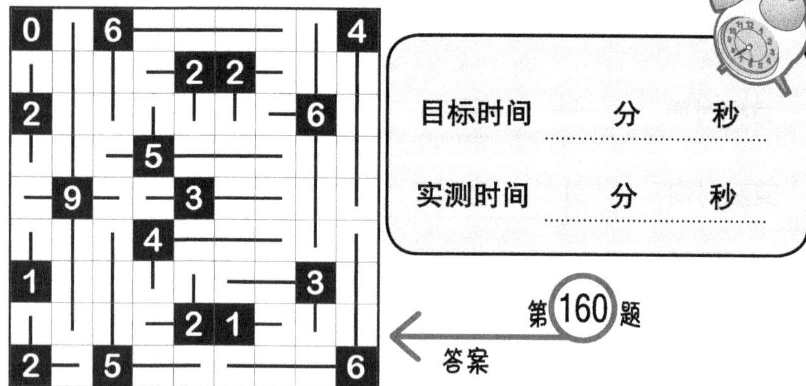

	1			1		3		3
		7						
2				3				
		2					4	
3				2				4
	2					4		
				3				2
						10		
0		1		2			1	

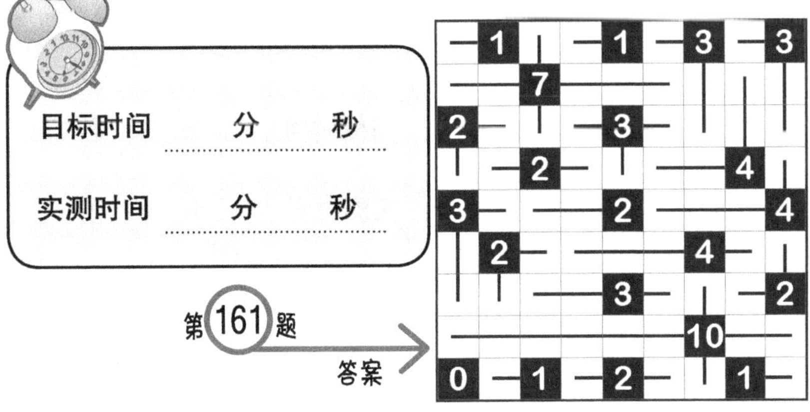

第164题

	2			1		4		
				9				1
2						5		
	5							3
			5		2			
2							1	
		1						7
3				4				
		1		2			1	

目标时间　　分　　秒

实测时间　　分　　秒

第162题 答案

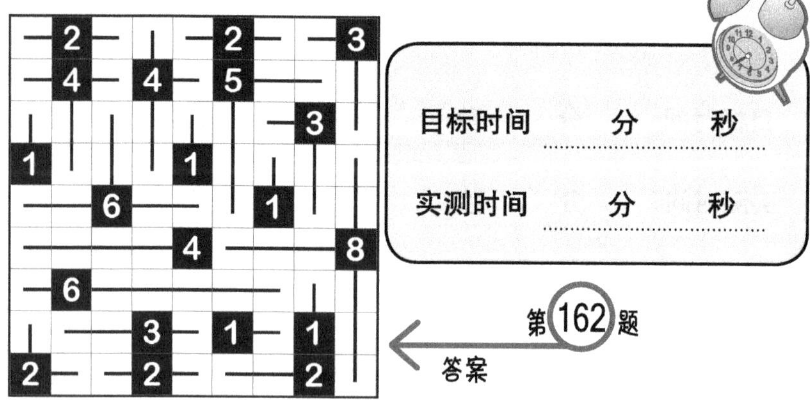

			3		3			
	3						1	
			2		2			
	4						1	
7			0		3			5
		3				3		
6								1
			0		7			
	1	3				0	1	

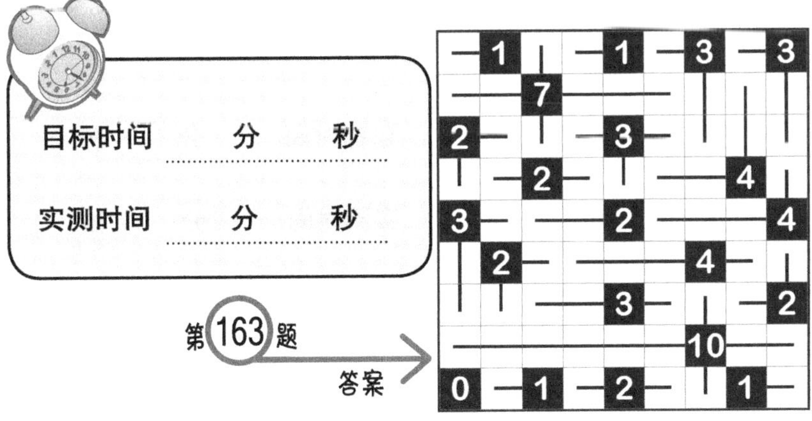

3				1				8
		1			6			
	6						1	
		2				0		
7								
		3				1		
	9						4	
		1			4			
1				1				3

				4	3			1
3							3	
			3		2			
7								1
		2				4		
1								6
			3		3			
	4							5
0			3	3				

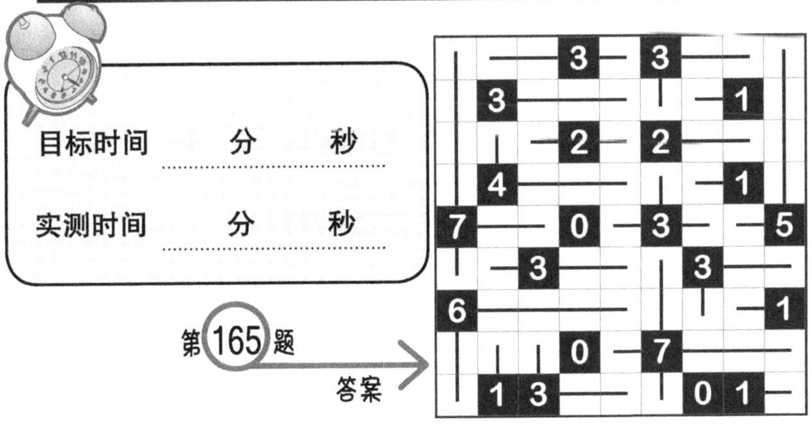

	2			3			2	
	8					1		
				7				
1		2				2		3
				5				
3		1				1		3
				3				
		5					3	
	3			2			0	

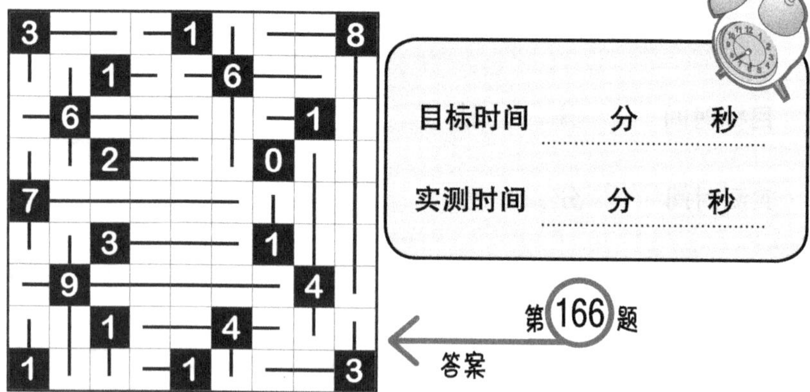

	6							1
1				8				
		1			1			4
	6							
0		3				2		0
							8	
3			3			2		
				4				2
0							6	

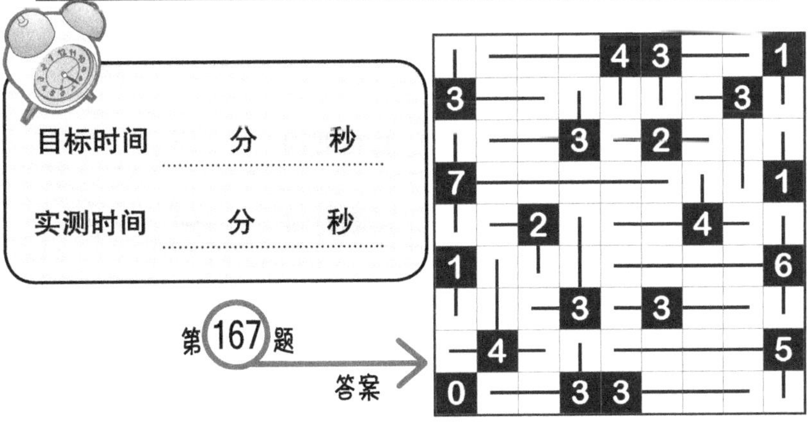

第170题

4					6			
	0			3			2	4
	1					5		
				3				
	1	5				1	1	
				1				
		2					3	
3	0			3			0	
			9					2

目标时间 分 秒

实测时间 分 秒

第168题 答案

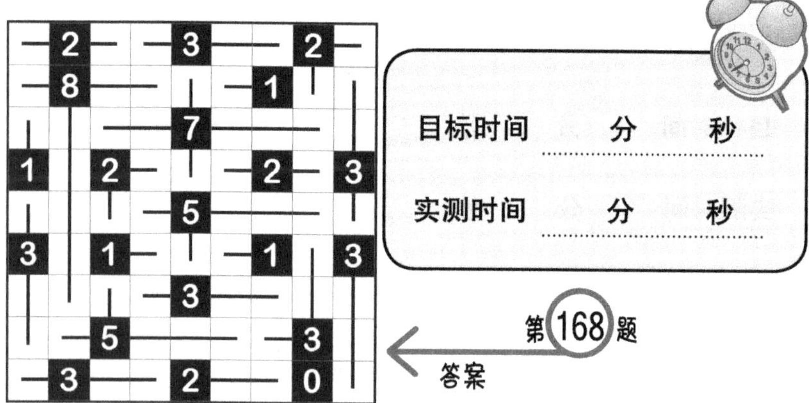

	1			2				
	1					5		2
		6		1				
1							7	
			2		2			
	2							2
				2		3		
4		7					4	
				6			1	

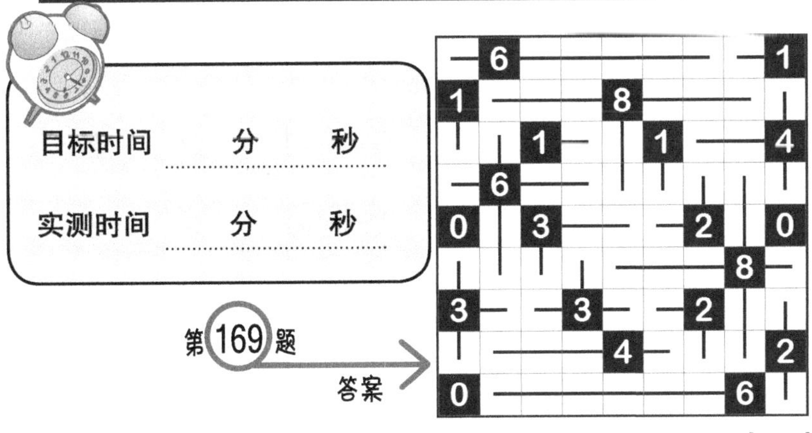

第172题

		1			2			2
1			3			1		
				7				
	2						3	3
			5		1			
1	3						7	
				9				
		0			2			2
1			3			0		

目标时间　　分　　秒

实测时间　　分　　秒

第170题答案

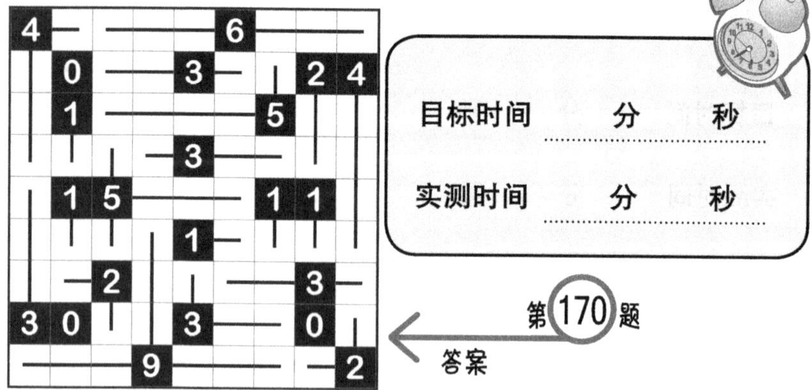

	4					1		
		3	1					1
					3		5	
			5					
4	2		1		2		2	4
					5			
	3		2					
0					1	1		
		6					3	

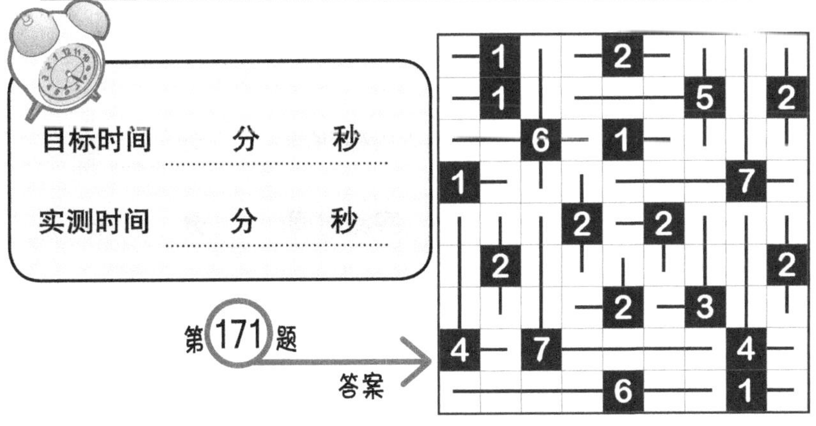

		3					4	
1				5				
		5			1		6	
				1				2
		1				2		
5				2				
	3		3			3		
				2				5
	4					3		

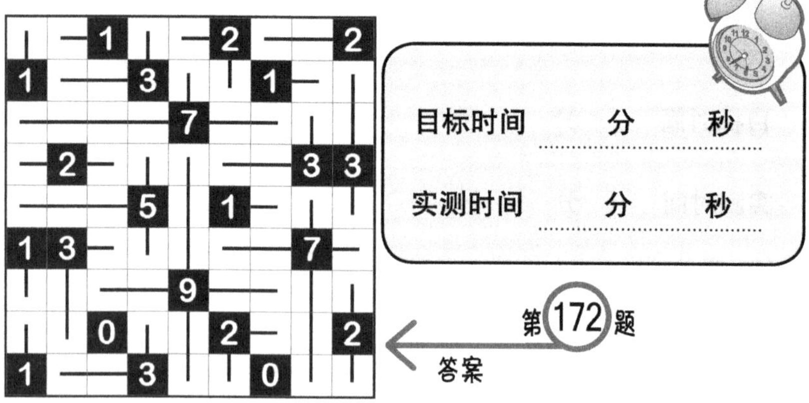

		2				3		
5								3
		3		7				
1							1	0
			4		7			
2	2							1
				3		4		
5								1
		3				4		

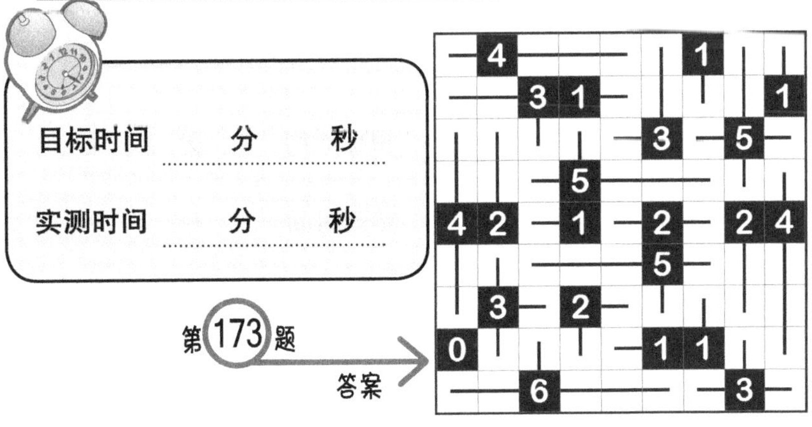

3				3		1		1
		3						
1					6		6	
			3			2		
6								1
		3			1			
	1		4					2
						2		
2		3		3				2

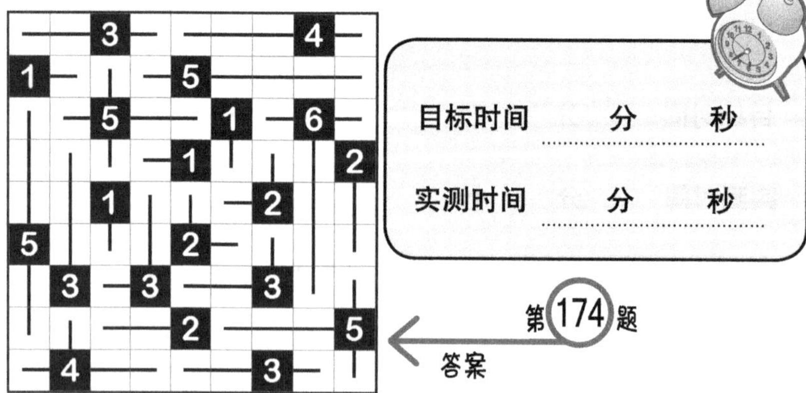

0				3			2	
	1				2			
			3				2	
		1		3		3		
9								6
		2		3		0		
	0				2			
			5				4	
	1			1				6

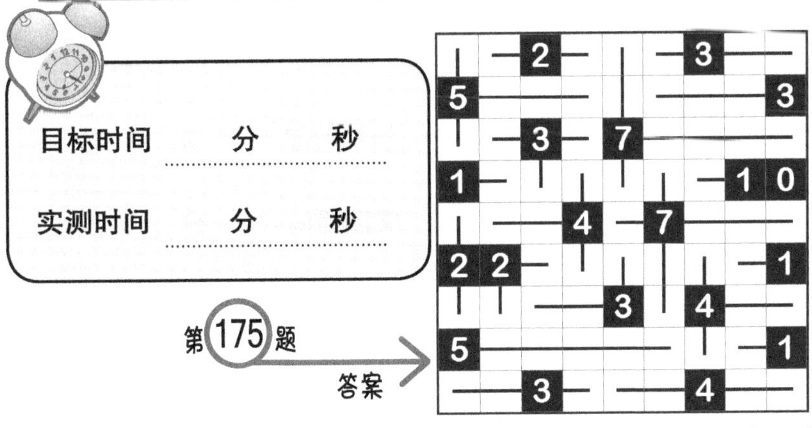

0		2		2			0	
					6			
	0		4					6
4						3		
		3				2		
		2						0
6					5		2	
			4					
	1			3		2		2

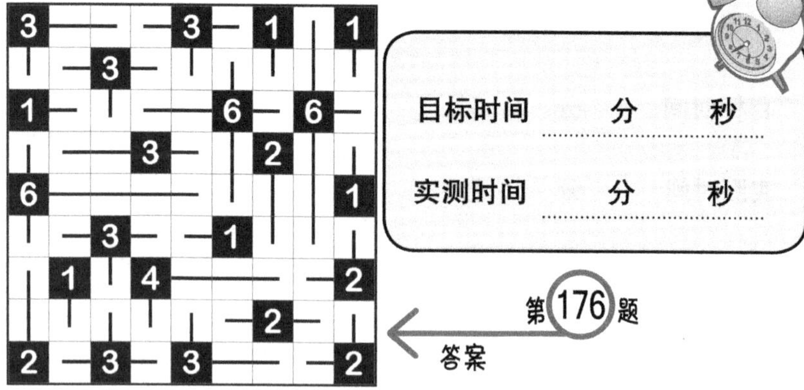

		1						8
1		2			3		3	
			7					
2								
2		2		2		2		1
								3
					8			
	3		3			0		2
2						3		

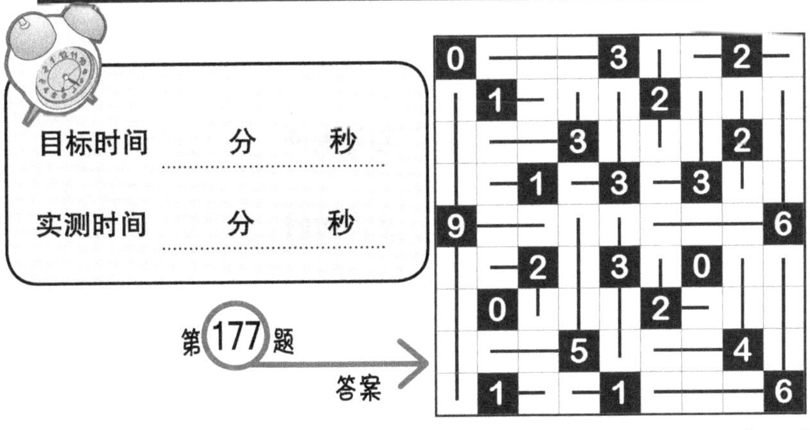

4				2				1
		0				7		
				3				0
	3		1		1			
	7						2	
			1		0		2	
2				5				
		1				8		
0				3				6

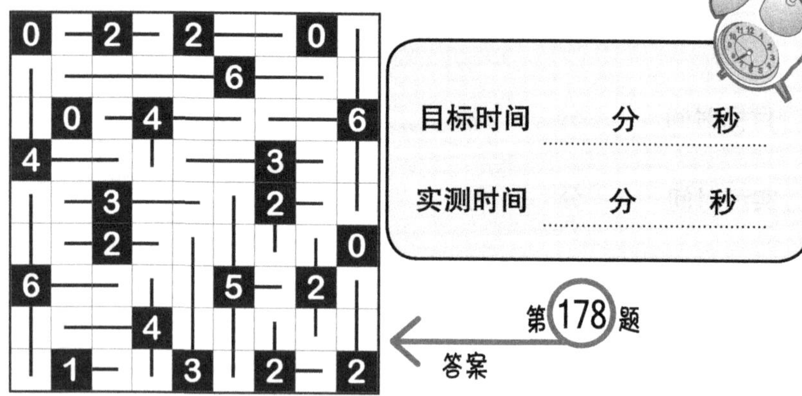

				3		4		
2		4					2	
				1				
	2					6		3
			4		2			
5		5					1	
				5				
	3					1		3
		2		3				

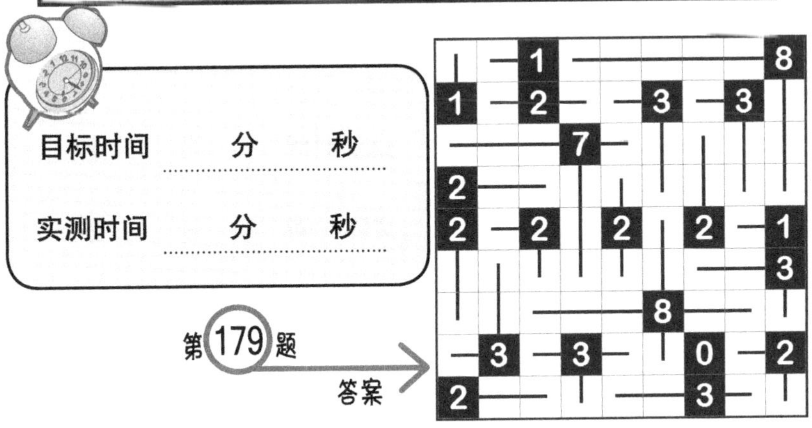

第182题

	2		1					2
					8			
		3	1					2
5							1	
	2			7				
7							1	
		1	0					6
					5			
	3		2					2

目标时间 分 秒

实测时间 分 秒

第180题 答案

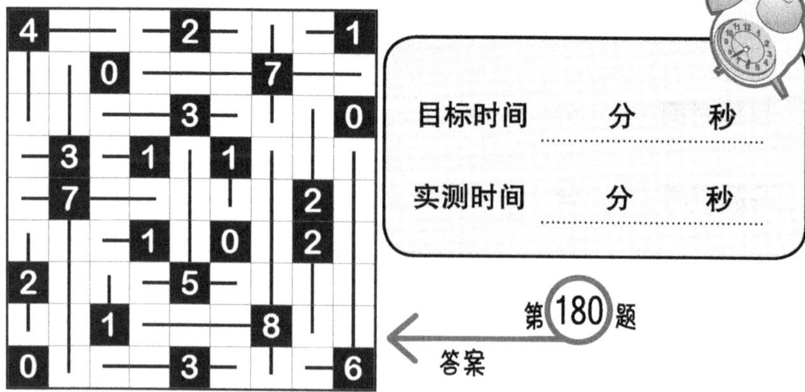

	5		0			1		3
				9				
3						0		
		2	2		3		4	
	4		3		1	1		
		0						6
				5				
2		2			1		2	

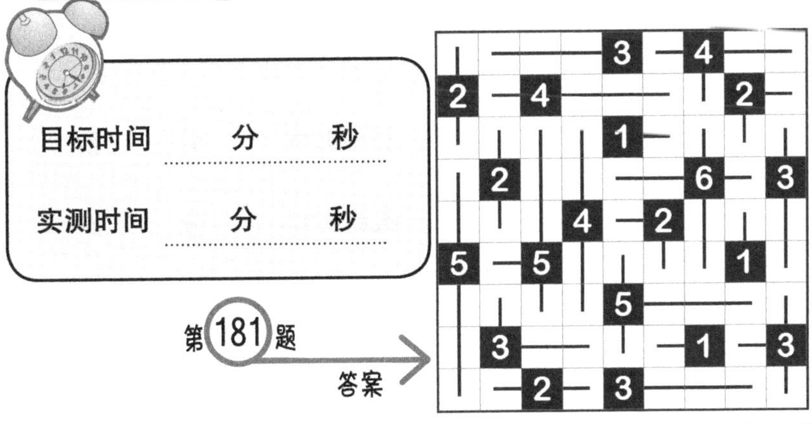

		4					1	
2					1		1	
	5		2					
				5		5		2
1								5
1		2		2				
					3		1	
	2		5					3
	2					4		

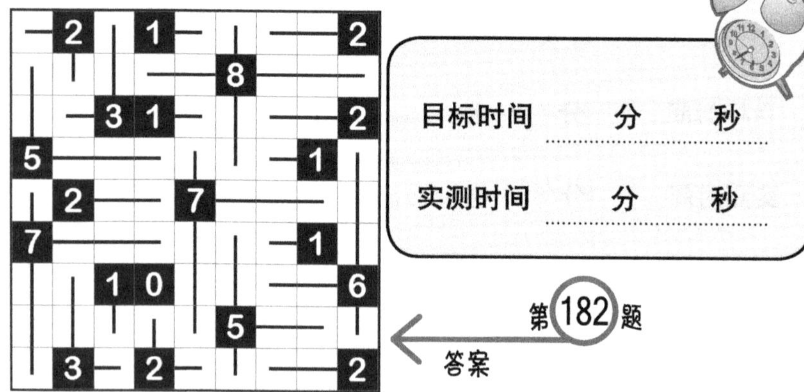

			2			3		
				9				
3		0					3	
			2		4			
	4						2	
			5		4			
	2					0		4
				11				
		3			2			

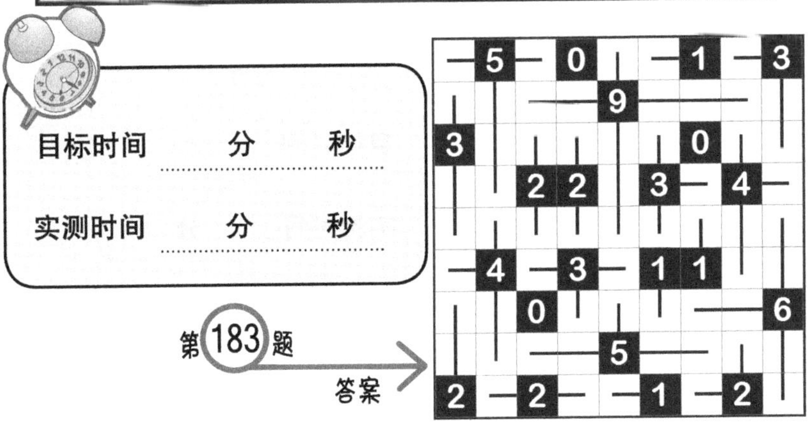

	1					5		1
	5			6				
0						3		
		1	3					0
1								1
3					3	3		
		4						0
				7			7	
0		2					3	

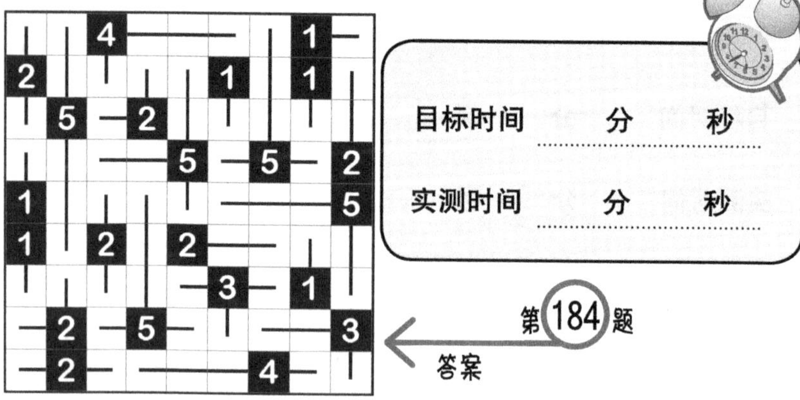

2				5			1	
		2		5				
	1		2				6	
				4				
5		6				1		2
				1				
	1				6		1	
				1		4		
	1			1				1

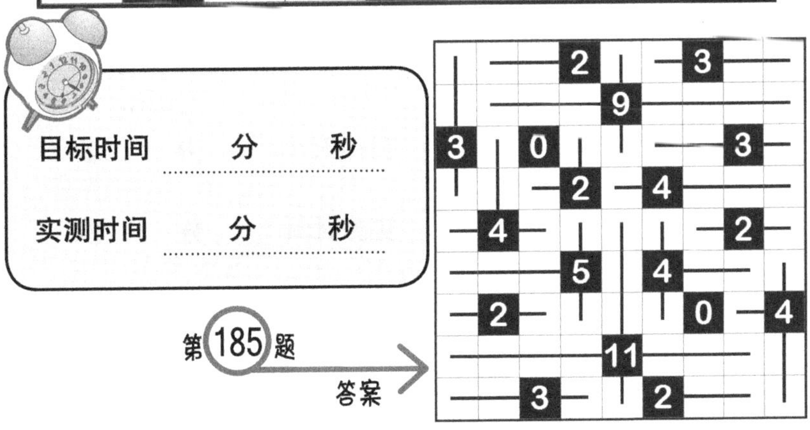

第188题

				4				4
0						1		
	3			4				0
1		3			3		3	
	2		5			1		1
0				7			4	
		2						4
1				6				

目标时间 分 秒

实测时间 分 秒

第186题答案

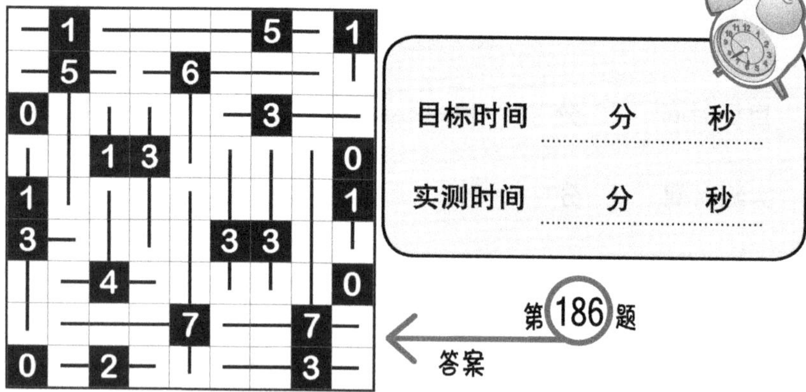

第189题

	1			2		0		1
5						4		
				3			4	
	2							3
			2		1			
4							4	
	0			6				
		11						0
0		1		2			3	

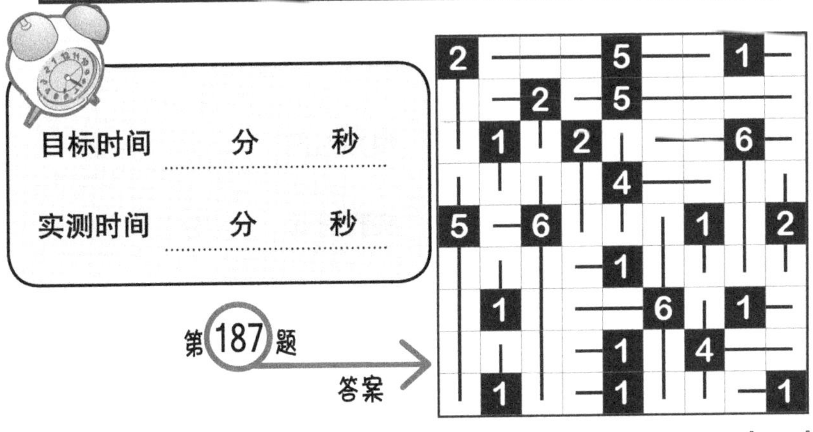

第190题

		2					4	
1	3				4			0
			4					
	3					0		
5			2		2			2
		2					6	
					2			
2			6				2	2
	3					2		

目标时间　　分　　秒

实测时间　　分　　秒

第188题 答案

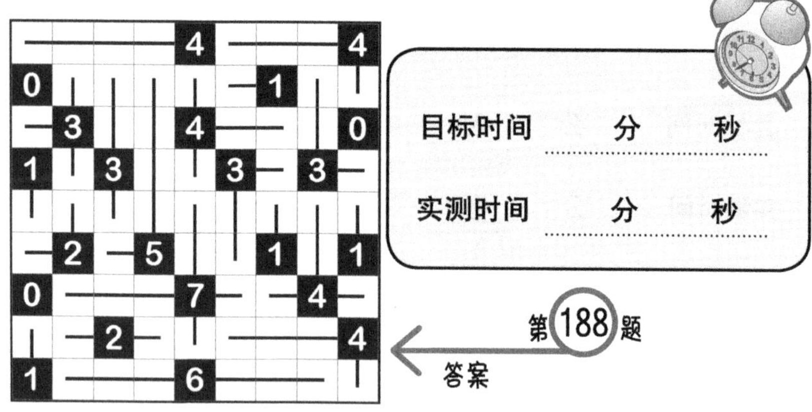

		3				1		
4				2				1
		2					8	
				7				2
		2				2		
5				3				
	2					4		
5				2				2
		2				2		

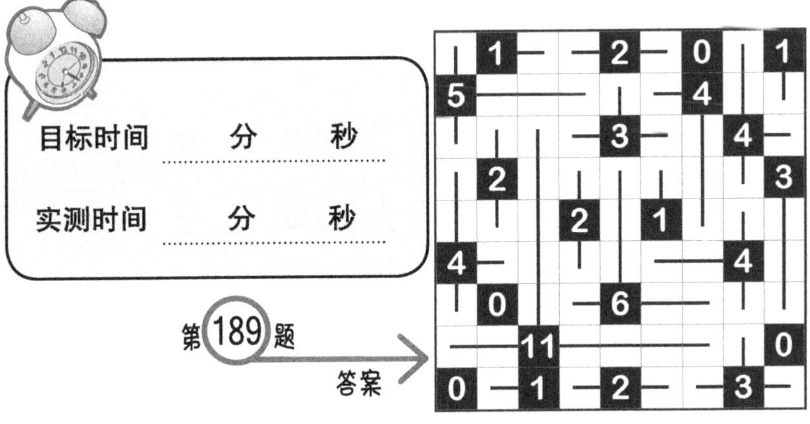

			7		2			
	4						2	
1		1				5		4
		4				3		
	0			6			0	
6								5
		3				2		
2				1				3

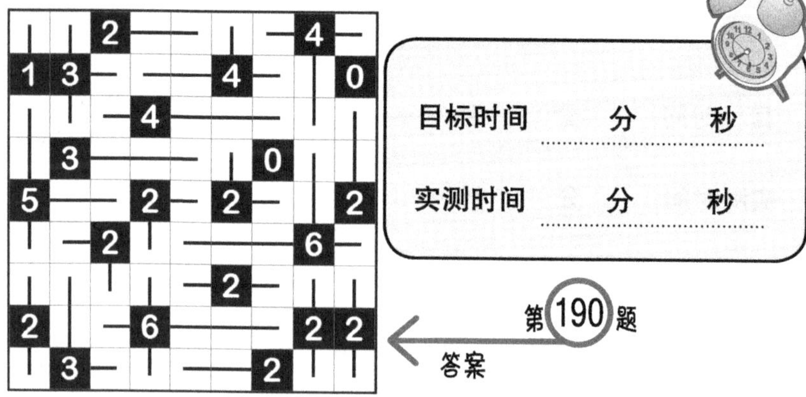

3				2			2	
			6					
1					2			2
		11						
0	2						11	1
						2		
2			5					0
					1			
	2			5				1

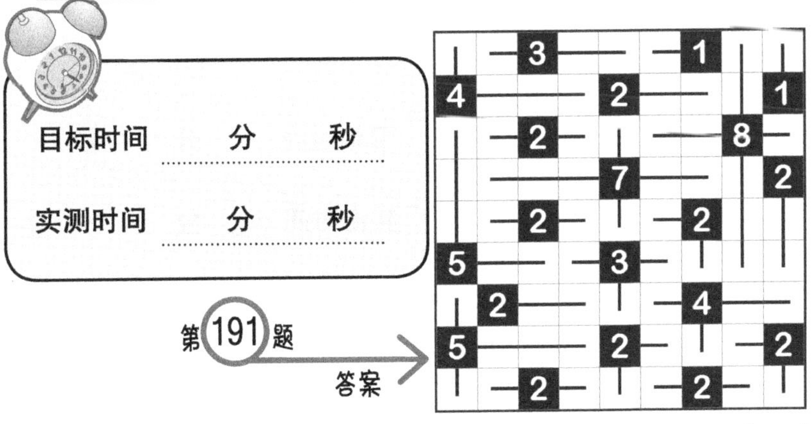

4				3				
		1						4
	4			5				
				5				1
0		2				2		1
3				5				
				6			4	
3						1		
				6				1

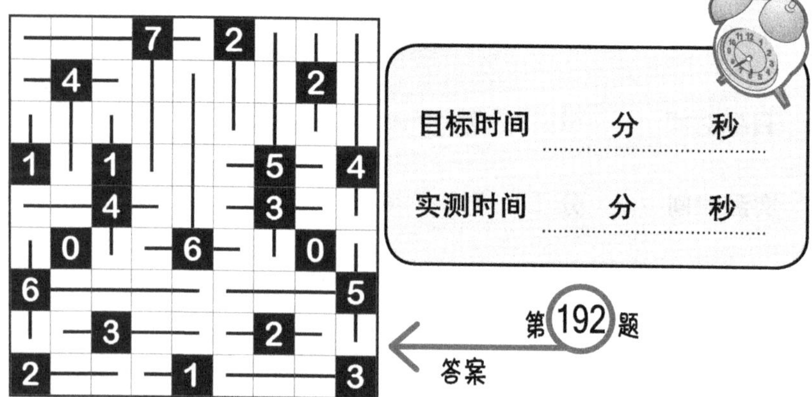

		0			3			
2	6							6
			3			3		
		0		3				
2								6
				3		0		
		3			1			
4							6	1
			7			2		

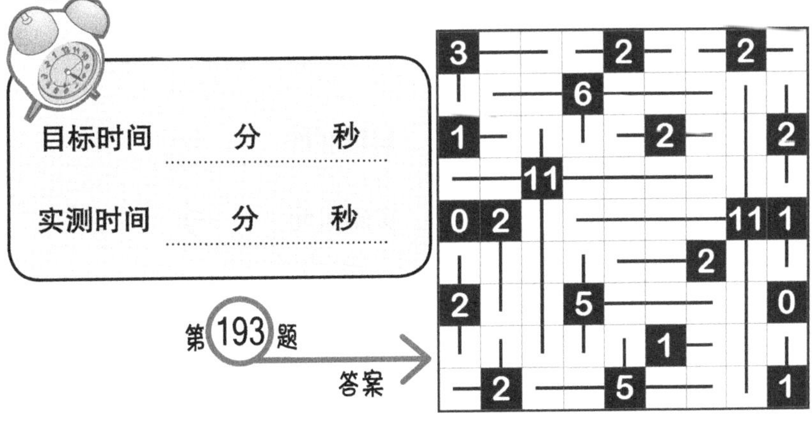

第196题

	7					3		
		2		3				1
2						3		
			0			2		
2	6						7	1
		1			2			
		5						3
0				2		0		
		3					4	

目标时间　　分　　秒

实测时间　　分　　秒

第194题 答案

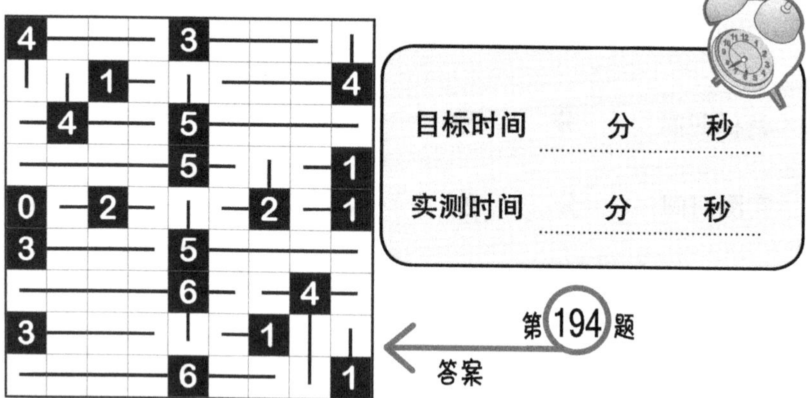

0			5					1
					2			
	1		6				5	
		4				1		
4				4				2
		3				2		
	1				0		6	
			8					
2					2			1

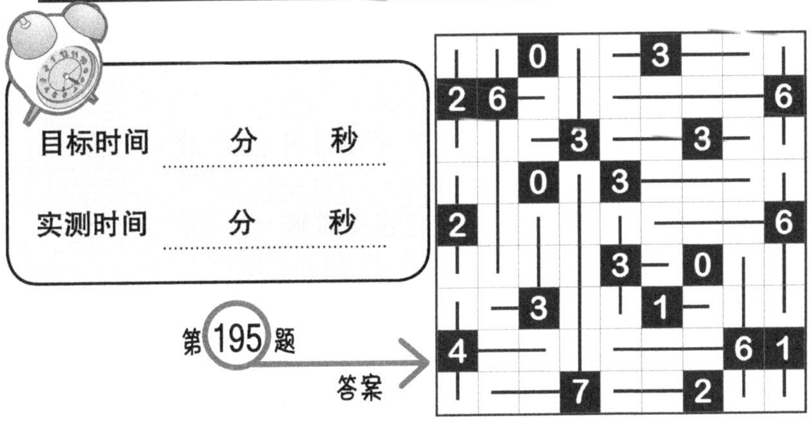

1			4		3		4	
		3						
	1							2
				6		2		
1		2				2		1
		4		5				
4							6	
						0		
	2		3		2			1

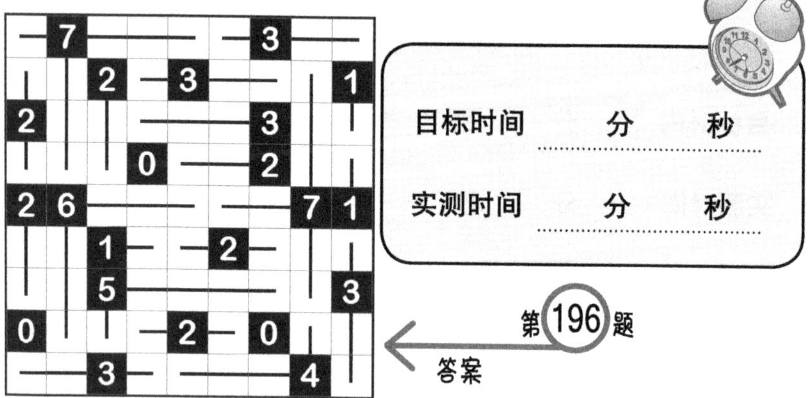

1				4		1		
			4					2
	3		5				1	
					3			
1		3				3		3
			3					
	1				1		2	
4					4			
		3		3				4

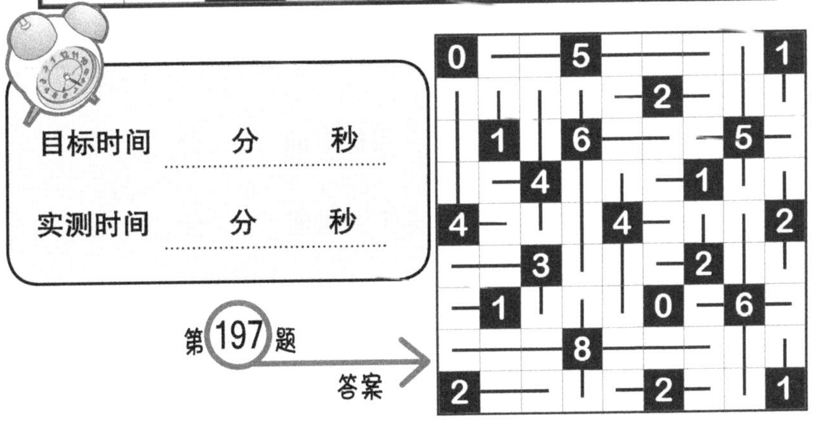

7							1	
					6		0	
				6				5
					1	1		
1								3
		3	7					
0				3				
	5		6					
	2							6

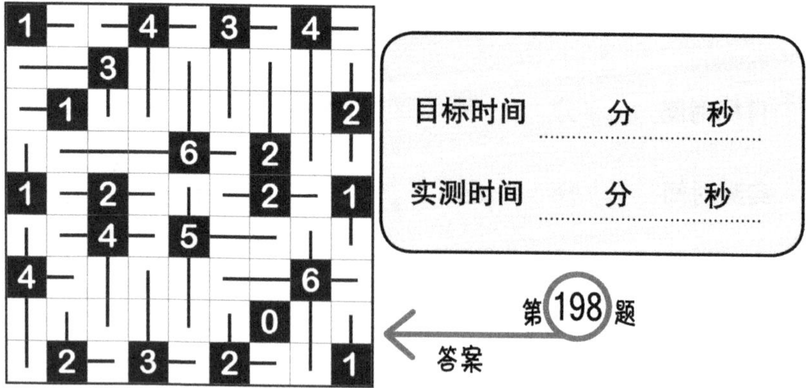

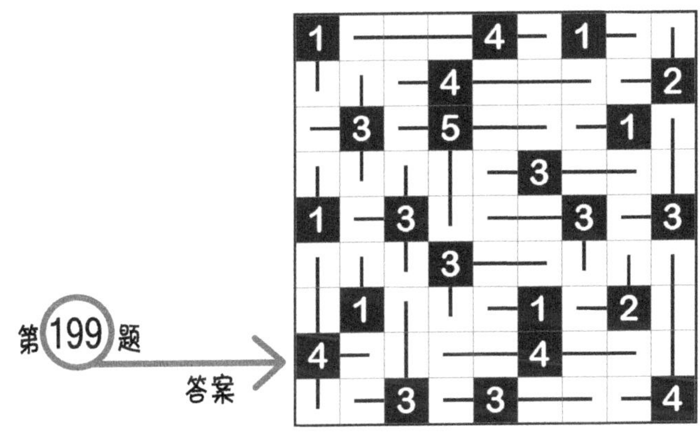
第199题
答案

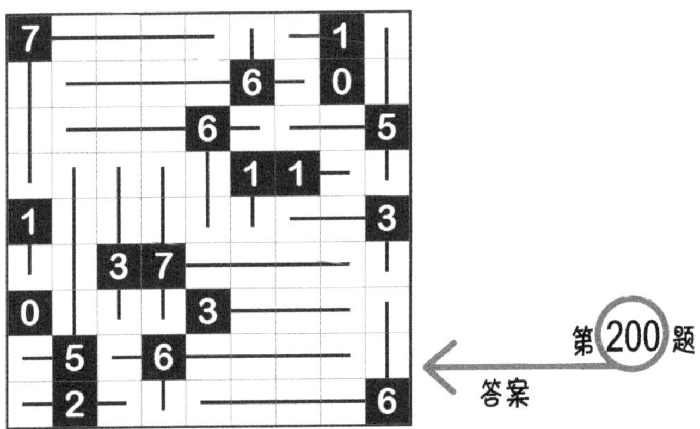
第200题
答案

北京市数独运动协会入会申请表

<table>
<tr><td>姓名</td><td></td><td>性别</td><td></td><td>年龄</td><td></td></tr>
<tr><td>单位</td><td colspan="3"></td><td>职务</td><td></td></tr>
<tr><td>身份证号</td><td colspan="5"></td></tr>
<tr><td>联系地址</td><td colspan="5"></td></tr>
<tr><td>联系电话</td><td colspan="2"></td><td>邮箱</td><td colspan="2"></td></tr>
</table>

北京市数独运动协会官网：www.sudoku.org.cn

联系电话：010-85012043